LES CONTROVERSES

SUR LA

DÉCENTRALISATION ADMINISTRATIVE

———

ÉTUDE HISTORIQUE

PAR

Léon AUCOC

MEMBRE DE L'INSTITUT
ANCIEN PRÉSIDENT DE SECTION AU CONSEIL D'ÉTAT

———

Extrait de la **Revue Politique et Parlementaire** *(Avril et Mai 1895)*

———

PARIS

BUREAUX DE LA *REVUE POLITIQUE ET PARLEMENTAIRE*

110, RUE DE L'UNIVERSITÉ, 110

LES CONTROVERSES

DÉCENTRALISATION ADMINISTRATIVE

ÉTUDE HISTORIQUE

LES CONTROVERSES

SUR LA

DÉCENTRALISATION ADMINISTRATIVE

ÉTUDE HISTORIQUE

PAR

Léon AUCOC

MEMBRE DE L'INSTITUT
ANCIEN PRÉSIDENT DE SECTION AU CONSEIL D'ÉTAT

Extrait de la **Revue Politique et Parlementaire** *(Avril et Mai* 1895)

PARIS

BUREAUX DE LA *REVUE POLITIQUE ET PARLEMENTAIRE*

110, RUE DE L'UNIVERSITÉ, 110

LES CONTROVERSES
SUR LA DÉCENTRALISATION ADMINISTRATIVE

ÉTUDE HISTORIQUE

Les leçons de l'histoire sont trop souvent perdues pour les hommes et pour les peuples; il ne faut pas cependant se lasser de les leur remettre sous les yeux.

Assurément on ne peut prétendre dire rien de nouveau en traitant la question des avantages et des inconvénients de la centralisation et de la décentralisation administrative. Il y en a des deux côtés; c'est une question de mesure.

Au premier abord, il semble même qu'on est d'accord sur les principes. Les partisans de la décentralisation déclarent, à peu d'exceptions près, qu'ils ne veulent porter aucune atteinte à l'unité nationale, qu'ils ne veulent rien enlever au Gouvernement des pouvoirs qui lui sont nécessaires pour défendre le pays contre l'étranger et assurer l'ordre à l'intérieur. La législation, suivant eux, doit être uniforme pour tout le pays et elle doit être appliquée uniformément; les ressources du Trésor public, l'armée, doivent être, sans aucun obstacle, dans la main de l'autorité centrale. En un mot, ils n'attaquent que les excès de la centralisation.

Mais il faut croire que la mesure est difficile à trouver.

Quand les défenseurs de la centralisation répondent qu'on a déjà fait la part des libertés locales, que cette part a toujours été en croissant, après les excès de décentralisation et de centralisation qui s'étaient produits sous la Révolution et sous l'Empire, quand ils font valoir les réformes accomplies sous le Gouvernement de juillet par les lois du 21 mars 1831 et du 18 juillet 1837 sur les communes, du 22 juin 1833 et du 10 mai 1838 sur les départements, sous le second Empire par le décret du 25 mars 1852. les lois du 10 juillet 1866 et du 24 juillet 1867, sous le Gouvernement actuel par la loi du 10 août 1871 et celle du 5 avril 1884, on leur répond que toutes ces réformes sont comme non avenues et que tout est à reprendre.

Il nous paraît opportun, au moment où la question se débat de nouveau, de rappeler quelles ont été les vicissitudes de la législation et de l'opinion publique avant et depuis 1789 et de signaler les principaux écrits où les diverses phases des institutions ont été exposées, où les réformes ont été réclamées et discutées.

Nous voudrions aussi indiquer les sources où l'on peut étudier la législation des pays étrangers qu'on met souvent en opposition avec la nôtre et qui, elle aussi, a subi des modifications dans des sens différents.

I

Notre premier soin, en revenant sur ce sujet que nous avons étudié tant de fois dans le cours de notre carrière depuis l'année 1851, doit être de le délimiter. Il n'a pas manqué de publicistes pour l'étendre outre mesure et pour discuter à cette occasion à peu près tous les rapports des pouvoirs publics avec les citoyens (1).

Sans doute le champ de la controverse est plus vaste et les développements peuvent frapper davantage, quand, sous le nom de centralisation, on discute l'autorité de l'administration dans les diverses branches des services publics et même l'autorité de l'État s'exerçant par le pouvoir exécutif ou par le pouvoir législatif.

Toutefois, à notre avis, aborder, à propos de centralisation, la question de savoir dans quelle mesure et sous quelle forme les pouvoirs publics peuvent se substituer à l'initiative privée ou en restreindre l'exercice, c'est traiter un sujet très intéressant, très grave, mais un autre sujet.

(1) C'est ce qu'a fait notamment M. Béchard dans son *Essai sur la centralisation administrative* (1836).

Assurément, dans un pays où l'unité nationale a amené la centralisation politique, judiciaire et administrative, tout pouvoir enlevé à l'État constitue, sinon une atteinte, du moins une atténuation apportée à la centralisation qui n'est qu'un mode d'action.

Mais est-ce uniquement par ce côté qu'il faut aborder les questions de principe les plus graves et les plus délicates? Pour n'en citer qu'un exemple, est-ce uniquement en vue de diminuer la centralisation et l'autorité du Gouvernement qu'il faudrait séparer l'Église et l'État, dénoncer le Concordat et établir la liberté religieuse dans les mêmes conditions qu'aux États-Unis d'Amérique?

Nous savons bien qu'en 1863, lorsqu'une lettre impériale eut confié au Conseil d'État le soin de préparer des mesures réglementaires ou législatives pour faire disparaître les inconvénients qu'entraînait le régime de la centralisation « et de faire la part du bien public et de l'intérêt privé en accordant au premier toute la protection, au second toute la liberté désirable », le Conseil d'État ne s'est pas borné à préparer de nouvelles lois pour étendre les attributions des conseils généraux de département et des conseils municipaux, et pour régulariser et étendre la liberté d'action des associations syndicales constituées en vue d'exécuter des travaux d'intérêt commun, ou pour modifier la législation des usines métallurgiques et des alignements. Il a fait aussi rentrer dans ce cadre un remaniement complet de la législation sur les sociétés commerciales, sous le prétexte qu'il était utile de remanier les règles posées par le code de commerce au sujet d'une des différentes formes de sociétés appelée société anonyme, qui, jusque-là ne pouvait se fonder sans l'autorisation du Gouvernement et de décider que, désormais, ces sociétés pourraient se fonder librement en se conformant aux dispositions de la loi (1). Mais, si la réforme était bonne, la question des sociétés dans son ensemble ne se rattachait point à celle de la décentralisation et l'exemple n'est pas bon à suivre.

D'autre part, et cela est capital, des communes constituées en républiques indépendantes, avec l'autonomie la plus absolue et l'autonomie législative elle-même, pourraient faire peser sur

____

(1) Vicomte de Luçay, *La Lettre impériale du 21 juin 1863 et la décentralisation* (1866).

les citoyens et particulièrement sur la minorité des citoyens un despotisme pareil à celui du plus puissant monarque d'une grande nation. Nous avons vu récemment certaines municipalités, inspirées par les doctrines socialistes, chercher à ériger en services publics entretenus par la caisse communale les industries privées qui leur paraissaient particulièrement utiles à la majorité de leurs électeurs. C'était la première pierre de l'édifice d'une société collectiviste. L'indépendance des communes, des départements et des provinces ne nous préserverait donc pas des déplorables expériences du collectivisme et s'il faut lutter avec énergie contre ces dangereuses théories, c'est sur un autre terrain qu'il faut se placer.

Laissons de côté la question des droits de l'individu en face de l'État ou plutôt en face de l'autorité publique quelle qu'elle soit : centrale ou locale.

Il faut, sous peine de s'égarer en touchant à tous les points de la législation administrative, se borner à deux points, d'abord à l'étude des rapports du pouvoir central, chargé de veiller à l'administration des intérêts généraux du pays, personnifiés dans l'État, avec les agents institués dans les différentes circonscriptions du territoire pour l'accomplissement des services publics généraux, puis l'étude des rapports du pouvoir central et de ses agents avec les autorités plus ou moins indépendantes préposées à la gestion des intérêts propres des différents groupes locaux, sous quelque nom qu'ils apparaissent et à celle des intérêts spéciaux qui s'y rattachent (1).

II

L'histoire des rapports du pouvoir central avec ses propres agents mériterait de nous arrêter, mais ce n'est pas la question importante du moment.

(1) Il nous sera permis de rappeler ici que dans nos *Conférences sur l'administration et le droit administratif* faites à l'École des ponts-et-chaussées, t. 1er (1re édition, 1869, 3e édition, 1885), nous avons peut-être été le premier à exposer d'une manière distincte, dans l'organisation des autorités administratives, les règles sur l'administration des intérêts généraux, — sur l'administration des intérêts locaux, — enfin, sur l'administration des intérêts spéciaux ou des établissements publics constitués pour les services de l'assistance, du culte, de l'instruction publique, etc., qui ont tantôt un caractère général, tantôt un caractère local. Ce procédé d'exposition nous paraît seul permettre de donner une idée juste des moyens d'action de l'État et des pouvoirs attribués aux représentants élus des groupes locaux.

Nous voudrions esquisser, d'après les travaux les plus autorisés et les plus récents, la physionomie générale des rapports de l'administration centrale et des pouvoirs locaux depuis la Gaule romaine jusqu'à nos jours.

On trouvera peut-être que c'est remonter bien loin ; mais cette étude ne sera pas sans profit pour le but que nous nous proposons d'atteindre. La constitution des administrations provinciales et municipales, pendant cette longue période de notre histoire, a été fréquemment invoquée et discutée au cours des polémiques sur la décentralisation administrative, et l'histoire écrite par les hommes du métier est souvent différente de celle qu'on rencontre dans les brochures ou les discours de circonstance.

Sans doute, il faut se garder, lorsqu'on expose et qu'on interprète les institutions anciennes, d'y chercher et d'y trouver trop facilement une analogie avec les institutions modernes. Mais, sans porter atteinte à la physionomie propre des institutions de chaque époque, on aperçoit facilement que les hommes placés dans les mêmes situations sont souvent amenés à tenir la même conduite, parce que les besoins, les intérêts, les passions des gouvernants et des gouvernés se ressemblent souvent.

Il y a de grandes analogies entre les gouvernements despotiques et les gouvernements libres des différents pays et des différents temps. Le développement et la chute des uns et des autres ont eu souvent leur raison d'être dans les services qu'ils avaient rendus ou dans les fautes qui les avaient compromis.

Il y a des ressemblances entre la situation et les pouvoirs des gouverneurs romains dans les provinces de la Gaule, des intendants de Louis XIV et des préfets de nos jours ; il y a aussi des différences. C'est la nature des choses et l'expérience qui les ont amenées.

Les corps électifs, chargés de représenter les intérêts locaux, ont eu des fortunes diverses. Les qualités et les défauts qu'ils avaient montrés, dans l'exercice de leurs fonctions, ont été pour beaucoup dans l'extension ou dans la limitation de leurs pouvoirs.

C'est aux abus qui se sont produits, dans un sens ou dans

l'autre, bien plus qu'aux inspirations de la théorie, qu'on a dû généralement les décadences ou les progrès.

Nous trouverons donc, dans l'histoire lointaine comme dans la plus récente, des enseignements précieux sur la valeur des institutions et sur les ressources qu'elles offrent pour donner satisfaction à tous les intérêts légitimes en évitant les erreurs et les fautes.

Ainsi, Fustel de Coulanges, qui se garde avec tant de soin de faire des théories générales, a présenté la centralisation administrative, à ses débuts, comme un bienfait, lorsqu'il a exposé l'organisation des pouvoirs publics dans la Gaule romaine.

Après avoir rappelé l'étendue indéfinie des pouvoirs attribués aux gouverneurs des provinces sous la République et l'absence presque complète de contrôle, il fait ressortir, en ces termes, le changement considérable qui s'est produit sous le régime impérial.

« Lorsque le Sénat romain, dit-il (1), organisa l'Empire, vers l'an 27 avant notre ère, il conféra à Auguste le pouvoir proconsulaire sur la moitié des provinces et un droit de surveillance sur les gouverneurs de toutes les autres. Cette innovation, dans laquelle quelques esprits ne virent peut-être qu'une atteinte à la liberté, fut le germe d'un nouveau système administratif. Il arriva, en effet, que les chefs des provinces, au lieu d'être de vrais monarques, gouvernant en leur nom propre, ne furent que les agents, les lieutenants du prince. Ce fait si simple, et, en apparence si insignifiant, fut ce qui introduisit, en Europe, la centralisation administrative.

« On ne peut guère douter que les peuples n'aient envisagé cette centralisation comme un grand bienfait. Il est fort différent d'être gouverné par un homme qui a un pouvoir personnel ou de l'être par un homme qui n'est que l'agent ou le représentant d'un pouvoir éloigné. Ces deux modes d'administration ont leurs avantages et leurs inconvénients; mais les avantages du second l'emportent à tel point qu'à presque toutes les époques de l'histoire, les populations l'ont préféré. Les hommes aiment d'instinct la centralisation; il leur plait de savoir que celui à qui

<hr>

(1) *Histoire des institutions politiques de l'ancienne France — la Gaule romaine,* — nouvelle édition revue et complétée par M. Camille Jullian (1891, p. 200 et s.

ils obéissent obéit lui-même à un autre. Exposés à être opprimés par celui qui les administre directement, ils aiment à penser qu'une autorité supérieure peut les protéger. Contre les agents du prince les Gaulois avaient un recours au prince lui-même. Le pouvoir suprême de l'Empereur était une garantie contre les petites passions du fonctionnaire, contre son orgueil, ses rancunes ou sa cupidité. »

Ainsi encore, après avoir montré les cités gauloises comme des corps assez indépendants, il signale l'ingérence du pouvoir impérial dans leurs affaires à partir du règne de Trajan, en expliquant qu'elle a été motivée par le mauvais état des finances locales. « Les grands travaux faits depuis un siècle et la transformation des villes avaient souvent compromis la fortune municipale. D'autre part, le manque de surveillance avait amené bien des abus et même des fraudes..... L'Empire vint au secours des cités. Ses puissants fonctionnaires, qu'aucune influence locale n'intimidait, examinèrent leurs registres des comptes, firent rentrer l'argent qui leur était dû, révoquèrent leurs donations illégitimes, vérifièrent leurs travaux (1). »

Voilà des traits caractéristiques. Mais nous ne pouvons entrer dans les détails des institutions provinciales et municipales organisées ou maintenues en Gaule par les Romains. Il y reste trop de place pour de vives discussions entre les historiens ; nous nous écarterions de notre but en nous mêlant à leurs débats. Il suffit de nous en référer à l'*Histoire des Romains* de Victor Duruy, cette œuvre si considérable qui fera vivre son nom, et aux ouvrages de Fustel de Coulanges, de M. Glasson, de M. Flach, de M. Viollet (2) qui signalent et discutent, en leur prêtant souvent des sens différents, beaucoup de textes nouvellement découverts et beaucoup d'ouvrages spéciaux (3).

(1) *La Gaule Romaine*, p. 200.
(2) Fustel de Coulanges, ouvrage précité. — Glasson, *Histoire du droit et des institutions de la France*, t. I. *La Gaule celtique. La Gaule romaine* (1887). — Flach, *Les origines de l'ancienne France*, t. II. *Les origines communales* (1893). — Viollet, *Hist. des institutions pol. et administ. de la France*, t. I. (1890). — M. Esmein, dans son *Cours élémentaire d'histoire du droit français*, 2e éd. (1895) donne un excellent résumé de la législation pour cette période et pour les suivantes.
(3) Raymonard, *Histoire du droit municipal en France sous la domination romaine et sous les trois dynasties* (1829). — Guizot, *Histoire de la civilisation en France.* — Serrigny, *Le droit administratif romain* (1862). — Paul Guiraud, *Les assemblées provinciales dans l'Empire romain* (1888).

Nous laissons de côté, pour le même motif, l'organisation de la monarchie franque, dans laquelle, d'après certains historiens, les institutions municipales que les Romains avaient laissé subsister semblent avoir disparu, tandis que d'autres, tout en admettant que le régime antérieur a subi des changements, le voient encore en vigueur dans ses parties essentielles (1).

Nous n'aborderons pas non plus l'organisation de la monarchie carolingienne qui, en paraissant donner plus d'influence au Gouvernement par l'emploi fréquent d'un nouvel instrument du pouvoir central, les « Missi », prépare les cadres de la féodalité, en laissant les comtes nommer les fonctionnaires qui leur sont subordonnés (2).

Après la dissolution de la société en France au xᵉ et au xiᵉ siècle, après l'anarchie au milieu de laquelle s'organise la féodalité, il se produit un mouvement de reconstitution de l'autorité centrale et des libertés locales. Puis l'autorité royale arrive à détruire à la fois les libertés locales et la féodalité et cette réaction ne cesse de s'accentuer jusqu'à la veille de la Révolution de 1789.

La première partie de l'histoire de ce mouvement n'est pas encore assise d'une manière définitive.

On lit, on doit lire toujours, les brillantes *Lettres sur l'histoire de France* d'Augustin Thierry qui ont mis en relief l'origine et la vie agitée des communes indépendantes du xiiᵉ et du xiiiᵉ siècle, petites républiques, dotées de véritables droits de souveraineté, faisant la guerre, établissant des impôts, battant monnaie et rendant la justice, civile et criminelle; puis son *Essai sur l'histoire du Tiers-état* et le *Tableau de l'ancienne France municipale*, où il a lui-même rectifié et complété ses premiers travaux. On lit encore les magistrales leçons de Guizot sur *la Civilisation en France* qui avaient fait immédiatement une plus juste part à tous les éléments en présence. Mais, depuis ces grands travaux, combien d'études nouvelles, entrant dans la même voie, ont fait ressortir avec une précision remarquable la cons-

<hr>

(1) Fustel de Coulanges, *La monarchie franque* (1888) p. 183. — Id., *L'Alleu et le domaine rural pendant l'époque mérovingienne* (1890). — Glasson, ouvrage précité, t. II, p. 381. — Flach. *Op. cit.*

(2) Fustel de Coulanges, *Les transformations de la royauté pendant l'époque carolingienne* (1892), p. 112 et suiv. — Glasson, *Op. cit.* T. II, p. 161 à 185.

titution de types différents d'institutions municipales dans les villes et dans les campagnes! Quelles lumières ont apportées sur ce sujet et les ouvrages de M. Flach, de M. Glasson, de M. Luchaire, de M. Giry et les nombreuses monographies consacrées à des communes isolées! (1).

C'est aussi depuis peu de temps que l'on connait, grâce aux travaux de M. Bonvalot, la *Charte de Beaumont* qui a fourni, avec les célèbres *Coutumes de Lorris*, un des types les plus répandus des chartes de villes de bourgeoisie, où les libertés civiles, la limitation des taxes et le droit pénal se mêlaient aux garanties accordées pour la gestion des intérêts locaux, sans aucun privilège politique (2).

Ces ouvrages ont rectifié ou complété avec une véritable autorité les nombreux écrits qui avaient déjà fait ressortir la variété des institutions par lesquelles les populations avaient, suivant les circonstances, suivant leur tempérament et le tempérament de leurs seigneurs, réussi à échapper, dans une mesure plus ou moins large, à l'oppression dont elles étaient victimes (3).

III

Le mouvement en sens inverse qui s'est produit à partir du xive siècle, le développement du pouvoir royal et de la centralisation monarchique, la restriction, puis la destruction des

(1) Flach, *Op. cit.*, Tome II (1893). — Glasson, *Op. cit.*, t. V (1893). — Id., *Les communaux et les communautés dans l'ancien droit français* (1891). — Luchaire, *Les Communes françaises à l'époque des Capétiens directs* (1890). — Id., *Les institutions monarchiques sous les premiers Capétiens* (1883). — Giry, *Les établissements de Rouen* (1883-1885). — Id., *Histoire de la ville de Saint-Omer et de ses institutions jusqu'au* xive *siècle* (1877). — Id., *Documents sur les relations de la royauté avec les villes en France de 1180 à 1311* (1885). — Germain, *Histoire de la Commune de Montpellier depuis ses origines jusqu'à son incorporation définitive à la monarchie française* (1851). — Chéruel, *Histoire de Rouen pendant l'époque communale* (1840), etc.

(2) Bonvalot, *Le Tiers-État d'après la charte de Beaumont et ses filiales* (1881). — Voir aussi Prou, *Les coutumes de Lorris et leur propagation* (1881.)

(3) Raynouard, *Op. cit.* — Leber, *Histoire critique du pouvoir municipal* (1828). — Béchard, *Droit municipal au moyen âge* (1862). — Serrigny, *Le régime municipal en France dans les communautés villageoises depuis les Romains jusqu'à nos jours* (1862). — L. Delisle, *Études sur la condition de la classe agricole en Normandie au moyen-âge* (1851). — Rivière, *Histoire des biens communaux en France depuis leur origine jusqu'à la fin du* xiiie *siècle* (1856). — Doniol, *Histoire des classes rurales* (1857). — Dareste de la Chavanne, *Histoire des classes agricoles* (2e édition 1858). — Léon Aucoc, *Des sections de commune et des biens communaux qui leur appartiennent*, 2e édition (1861).

libertés locales ne comportent pas autant de nuances. Nous n'avons plus que deux éléments en présence : l'Etat ou le souverain représentant les intérêts du pays tout entier et qui conquiert peu à peu les moyens de réaliser l'unité nationale, au risque de dépasser le but en exagérant son pouvoir, les représentants des groupes locaux qui gèrent avec une indépendance, chaque jour diminuée, les intérêts propres à leur groupe. Nous trouvons ici la question qui nous occupe dégagée des questions de libertés politiques et civiles qui s'y trouvaient mêlées pendant plusieurs siècles. Nous pouvons l'aborder avec une sécurité complète sur la valeur et le sens des documents que nous aurons à discuter.

Parmi les causes qui ont fait perdre aux communes jurées leurs privilèges politiques, il faut bien compter leurs fautes.

« La liberté y était si orageuse, si redoutable, dit M. Guizot (1) que les hommes la prenaient bientôt, sinon en dégoût, du moins en terreur et cherchaient à tout prix un ordre politique qui leur donnât quelque sécurité, but essentiel et condition absolue de l'état social...... On avait conquis une charte communale pour se délivrer des exactions et des violences des Seigneurs, non pour se livrer à celles des maires et des échevins. Quand, après s'être soustraits aux exactions venues d'en haut, les bourgeois tombaient en proie aux exactions et aux pillages d'en bas, ils cherchaient un nouveau protecteur, une nouvelle intervention qui les sauvât de ce nouveau mal. »

M. Luchaire, dans les conclusions de son étude approfondie sur les communes françaises, où il a plus d'une fois rectifié les appréciations de M. Guizot, ne va pas aussi loin. Il estime que le besoin de la sécurité est moderne et que « les gens du moyen âge, hommes de mœurs rudes et belliqueuses, n'étaient peut-être pas aussi altérés que nous de tranquillité et de bien-être (2) ». Il fait une large part, dans la décadence rapide des communes constituées en seigneuries indépendantes, à l'hostilité de l'Eglise, à la protection onéreuse du haut suzerain et surtout du roi, mais il reconnait aussi qu'elles ont péri victimes de leurs pro-

(1) *Histoire de la civilisation en France*, t. IV, p. 271.
(2) *Les communes françaises à l'époque des Capétiens directs*, p. 288 et s.

pres fautes, « des excès des communiers, de leur mauvaise administration financière, de leurs divisions intestines ».

Toutefois il ne faut pas croire que la suppression des privilèges politiques, des droits de souveraineté attribués aux communes jurées soit le premier pas de la royauté dans la voie du despotisme. C'est l'œuvre légitime du représentant de l'unité nationale : M. Mignet l'a bien montré dans son beau mémoire sur la *formation territoriale et politique de la France* (1). Les excès viendront plus tard.

Aussi bien c'est l'époque où les Etats généraux et les Etats provinciaux apparaissent et introduisent dans la constitution de la monarchie, par leur concours à l'établissement des impôts et à l'exercice du pouvoir législatif et administratif, un élément de contrôle qui, malheureusement pour le pays, ira, à son tour, en s'affaiblissant.

Nous n'avons pas à toucher ici aux Etats généraux, et nous n'apprendrons rien à personne en rappelant, après M. Guizot, que l'ouvrage de M. Georges Picot est le plus grand et le plus savant travail écrit sur leur histoire (2).

Quant aux Etats provinciaux dont l'existence est constatée dès le onzième, le douzième et le treizième siècles dans les différentes parties du territoire de la France, qui avaient à cette époque et qui ont conservé, au quatorzième et au quinzième siècles, une organisation et des attributions semblables à celles des Etats généraux, appelés à discuter et à voter les subsides demandés par la royauté pour des entreprises nouvelles, principalement des guerres et réclamant à cette occasion, contre les abus de toute sorte dont les populations qu'ils représentaient étaient victimes, ils ont peu à peu pris un caractère de périodicité qui manqua toujours aux Etats généraux (3). Ils sont arrivés

(1) Mémoire sur *la formation territoriale et politique de la France depuis la fin du onzième siècle jusqu'à la fin du quinzième Mémoires historiques*, 3e édition, 1851). — Voir aussi Boutaric, *Saint Louis et Alfonse de Poitiers* (1880). — id. *La France sous Philippe le Bel* (1861), p. 117 et s.

(2) *Histoire des Etats généraux*, (1re édition, 1872; 2e édition, 1888).

(3) Il faut consulter notamment, parmi les ouvrages qui ont traité l'ensemble de la question, après les Préfaces de Secousse aux tomes III à IX des *Ordonnances des Rois de France*, un mémoire étendu sur *les Etats provinciaux*, lu par M. Laferrière à l'Académie des sciences morales et politiques en 1860 et inséré dans la collection des mémoires de cette académie, t. XI 1862). — Hervieu, *Recherches sur les premiers Etats généraux et les assemblées représentatives pen-*

à exercer une influence permanente sur la perception de l'impôt dont l'établissement était destiné aux dépenses d'intérêt général et sur l'emploi d'une autre partie des impôts pour des dépenses intéressant spécialement les localités.

Mais la royauté, avant même d'avoir cessé de convoquer les États généraux, s'appliqua à faire disparaître les états provinciaux et à remplacer leur action par celle d'agents du pouvoir central, soit pour la perception des impôts, soit pour la marche des services administratifs qui commençaient à s'établir, principalement pour les travaux de voirie. Les élus devenus, malgré leur nom, officiers royaux avant 1400 et placés sous l'autorité des trésoriers de France, arrivèrent à supplanter les états dans dans un certain nombre de provinces. Au XVᵉ siècle, la Champagne avait perdu ses États. Dès le commencement du XVIᵉ siècle, il en était de même du Poitou, du Maine et de l'Anjou. Ceux de Guyenne cessèrent de s'assembler à partir de 1589. Richelieu supprima ceux de Quercy en 1623 et ceux du Dauphiné en 1628. Bientôt après, les États de Normandie, suspendus en 1635 et 1639, furent supprimés. De 1655 à 1662, les États du Périgord, de l'Aunis et de la Saintonge, de la Marche, du Bourbonnais, du Berry, de la Touraine, du Rouergue, de l'Auvergne, disparurent à leur tour.

A partir de ce moment, on ne trouve plus le régime des états

dant la première moitié du XIVᵉ siècle (1879). — Callery, *Histoire de l'origine des pouvoirs et des attributions des États généraux et provinciaux depuis la féodalité jusqu'aux États de 1355* (1881). — Dareste, *Histoire de l'administration en France* (1848). — Chéruel, *Histoire de l'administration monarchique* (1855). — Taillandier, notice sur *les Pays d'États*, insérée dans l'Annuaire de la Société de l'Histoire de France en 1851. — Raudot, *La France avant la Révolution* (1841 ; 2ᵉ éd., 1847). — Glasson, *Histoire du droit et des institutions de la France*, t. V, p. 118. — Babeau, *La Province sous l'ancien régime* (1891, t. 1ᵉʳ). — Parmi les ouvrages consacrés à des époques ou à des circonscriptions spéciales il faut signaler : Antoine Thomas, *Les États provinciaux de la France centrale sous Charles VII* (1879). — Rivière, *Histoire des institutions de l'Auvergne* (1874). — Trouvé, *Essai historique sur les États du Languedoc* (1818). — Astre, *L'administration des États de Languedoc avant 1789*, dans le recueil de l'Académie de législation de Toulouse (1859, 1860, 1862). — De Tocqueville, *L'ancien régime et la Révolution*, appendice, p. 313. — Monin, *Essai sur l'histoire administrative du Languedoc pendant l'intendance de Basville* (1881). — Filon, *Histoire des États d'Artois* (1861). — A. Thomas, *Une province sous Louis XIV (La Bourgogne)*, 1847. — A. Grün, *Les États provinciaux sous Louis XIV* (2ᵉ édition, 1853). — Louis Lacaze, *Les libertés provinciales en Béarn* (1865). — De Carné, *Les États de Bretagne et l'administration de cette province jusqu'en 1789* (1868). — Vignon, *Études historiques sur l'administration des voies publiques en France aux XVIIᵉ et XVIIIᵉ siècles*, t. IV (1880).

provinciaux appliqué que dans un petit nombre de pays, d'abord la Bourgogne, la Bretagne, le Languedoc, la Provence, puis le Béarn et quelques districts de la Gascogne, la Navarre, le pays de Bigorre, le comté de Foix, enfin l'Artois, la Flandre et le Cambrésis, réunis à la France par Louis XIV.

C'est au xive siècle que les municipalités ont commencé à perdre leur autonomie administrative. L'autorité royale s'est fréquemment fait sa part dans la nomination des magistrats municipaux. Dès le règne de Louis XI elle intervient dans le règlement de leurs finances (1).

Rien de plus compliqué d'ailleurs, de plus variable non seulement d'une ville à une autre, mais dans la même ville que l'organisation et la composition des autorités et des assemblées qui régissaient les affaires communales (2). Mais il n'en restait pas moins aux habitants des villes et à leurs élus une certaine indépendance.

IV

L'indépendance disparait de plus en plus et pour les États provinciaux qui subsistent encore et pour les municipalités, lorsque les intendants ont assis leur pouvoir vivement contesté au début.

Il n'y a pas d'histoire mieux connue aujourd'hui que celle des intendants. Leur origine, l'accroissement de leur influence, leur action bienfaisante dans beaucoup de circonstances, arbitraire et excessive dans beaucoup d'autres, n'ont plus rien d'obscur (3).

(1) Dareste, *Histoire de l'administration en France* (1848), t. I, p. 195 et s. — Leber, *Histoire critique du pouvoir municipal* (1828). — Boutaric, *La France sous Philippe le Bel* (1861), p. 147.

(2) *L'Essai sur l'administration municipale de Bordeaux sous l'ancien régime*, par M. Barckhausen introduction au tome II des Archives municipales de Bordeaux (1878) et l'*Histoire des institutions municipales de Senlis*, par M. Flammermont (1881) en donnent une idée très précise.

(3) La situation des intendants sous l'ancien régime a été décrite avec beaucoup de développement par Merlin dans un article du *Traité des offices*, publié de 1787 à 1789, par Guyot. Ce sujet a été creusé de nos jours dans beaucoup d'ouvrages, généralement à l'aide de documents inédits. Nous citerons notamment : Caillet, *l'Administration en France sous le ministère du cardinal de Richelieu*, 2e édition (1861). — Astre, *Les intendants de Languedoc* (1868-1871). — Rodolphe Dareste, *La justice administrative en France* (1862). — Boyer de Sainte-Suzanne *Les, intendants de la généralité d'Amiens* (1865). Id., *Le personnel administratif de l'ancien régime* (1868). — Louis Legrand, *Sénac de Meilhan et l'intendance du Hainaut*

Là encore il y a des nuances dans l'organisation et dans le pouvoir des intendants suivant les époques. C'est à peu près la même idée qui a présidé à l'organisation des « Missi » sous la monarchie carolingienne, à celle des Enquêteurs sous Saint-Louis (1), à celle des Réformateurs généraux sous les premiers Valois (2), aux chevauchées des maîtres des requêtes qui datent du milieu du xvi° siècle, à la création des *intendants de justice, police et finances et du militaire, commissaires départis dans les provinces pour l'exécution des ordres du roi.* Mais à des tournées d'inspection s'est substituée peu à peu une installation permanente, dans certaines localités, d'un représentant du pouvoir royal, chargé non plus de signaler les réformes à faire, mais de les réaliser sous l'autorité du gouvernement central ; à une mission de lutte et parfois de lutte violente a succédé une mission de progrès pacifique (3).

La division de la France entre les pays qu'on appelle encore pays d'élections, et les pays d'Etats s'accentue.

Dans les premiers, qui comprennent la plus grande partie du royaume, l'intendant gouverne et administre sous l'autorité du roi, sous la direction et le contrôle des secrétaires d'État et du Conseil du roi (4). Dans les autres, les États ont conservé le pouvoir de voter, sous le nom de *don gratuit*, leur contribution

et du Cambrésis, sous Louis XIV (1868 .— D'Arbois de Jubainville, *L'administration des intendants d'après les Archives de l'Aube* (1870). — Albert Babeau, *La province sous l'ancien régime* (1894 . Le tome II de cet ouvrage est tout entier consacré aux intendants.

Les ouvrages que nous avons cités pour l'histoire des Etats provinciaux au xvii° et xviii° siècles font aussi celle des intendants.

Il faut consulter encore les *Mémoires de Nicolas-Joseph Foucault*, publiés par M. Baudry (1862 .

(1) Boutaric, *Saint-Louis et Alfonse de Poitiers* (1870), p. 386 et suiv.

(2) Boutaric, *La France sous Philippe-le-Bel*, p. 171. — Vuitry. *Etudes sur le régime financier de la France avant la Révolution de 1789*, nouvelle série, 1883, T. II, p. 424.

(3) Il faut étudier cette transformation dans l'ouvrage de M. Hanotaux, *Les Origines de l'institution des intendants* (1884). — Voir aussi Arthur de Boislisle, *Les chevauchées d'un maître des requêtes en Provence*, 1556 (1881). M. Caillet dans son ouvrage sur l'*Administration en France sous le ministère du cardinal de Richelieu*, a le premier montré que c'était par erreur qu'on présentait un édit de mai 1635, comme l'édit de création des intendants pour toutes les provinces.

(4) Chéruel. *Histoire de l'administration monarchique en France.* — Pierre Clément, *Histoire de Colbert*: Id., *Lettres, instructions et mémoires de Colbert*, t. IV (1867). — Comte de Luçay, *Les secrétaires d'État depuis leur institution jusqu'à la mort de Louis XV* (1881). — Arthur de Boislisle, *Les Conseils sous Louis XIV*, appendice au tome IV des mémoires de Saint-Simon.

au budget annuel de la royauté et le droit de veiller à la répartition et au recouvrement des impôts établis dans ce but. Ils ont conservé aussi le pouvoir d'établir des impôts pour les dépenses spéciales à leur territoire et d'en diriger l'emploi. Leur action ne s'exerce pas seulement dans les sessions qu'ils tiennent tous les ans ou tous les deux ans; dans l'intervalle des sessions, une commission permanente, élue par eux, pourvoit à l'exécution de leurs décisions. Mais l'intendant a été institué également dans ces provinces et si les États limitent son pouvoir, il limite aussi le leur (1).

D'autre part, les États n'ont pas d'autorité sur les municipalités, sauf pour le contrôle des comptes. Dans tout le royaume, l'autorité royale est la même à cet égard.

Le désordre des finances dans les villes et dans les communautés villageoises motive encore l'ingérence du gouvernement qui s'étend de plus en plus à toutes les affaires (2). Le désordre des finances de l'État amène à son tour, à la fin du xviie et du xviiie siècles, la destruction complète, sur beaucoup de points du territoire, des libertés municipales par l'érection en offices vénaux et héréditaires des magistratures municipales, même électives.

Il faut que les villes fassent, à plusieurs reprises, des sacrifices d'argent pour procurer au Trésor épuisé les ressources dont il a besoin, en rachetant le droit d'élire leurs représentants qui ne peuvent prendre aucune décision importante sans l'autorisation du pouvoir central ou de son délégué.

En somme, si pour juger les intendants et la monarchie dont ils ont été les instruments, on se place exclusivement au point de vue de la liberté, comme l'a fait M. de Tocqueville, dans *L'Ancien régime et la Révolution*, on prononce un jugement sévère. Son étude est le commentaire de la fameuse parole de Law à d'Argenson. « Sachez que le royaume de France est gouverné par trente intendants. Vous n'avez ni parlements, ni états, ni gouverneurs; ce sont trente maîtres des requêtes

<hr>

(1) Pierre Clément, ouvrages précités.
(2) Albert Babeau, *La ville sous l'ancien régime*, p. 192 à 225. — *Le Village sous l'ancien régime*, p. 101 et suiv. — Pierre Clément, *Lettres, instructions et mémoires de Colbert*, T. IV. Introduction p. XXVII et suiv.

A.

commis aux provinces d'où dépendent le bonheur ou le malheur de ces provinces, leur abondance ou leur stérilité (1) ».

Il n'a guère mis en relief que les abus. Dans les chapitres où il prouve « que la centralisation administrative est une institution de l'ancien régime et non pas l'œuvre de la Révolution, ni de l'Empire, comme on le dit (2), que ce qu'on appelle aujourd'hui la tutelle administrative est une institution de l'ancien régime (3) » et que « si l'insolence du mot ne s'était pas encore produite, on avait déjà la chose » (4), il n'a pas pu consentir à admettre que l'œuvre administrative de la monarchie absolue avait eu quelques bons côtés. A la vérité il écrit : « Il faut du reste reconnaître qu'en France le gouvernement central n'imite jamais les gouvernements du midi de l'Europe qui semblent ne s'être emparés de tout que pour laisser tout stérile. Celui-ci montre souvent une grande intelligence de sa tâche et toujours une prodigieuse activité.» Seulement il ajoute aussitôt : « Mais son activité est souvent improductive et même malfaisante parce que, parfois, il veut faire ce qui est au-dessus de ses forces ou fait ce que personne ne contrôle. » (5.)

Ce n'est pas rendre justice à une institution qui a duré plus de deux cents ans, qui, si elle a commis des abus, en traversant des crises difficiles, a empêché beaucoup de mal, qui a protégé les faibles contre les puissants, et qui a laissé dans de nombreuses parties du territoire le souvenir de véritables bienfaits. Voltaire écrivait à Turgot lorsqu'il fut nommé à l'intendance de Limoges : « Un de vos confrères vient de m'écrire qu'un intendant n'est propre qu'à faire du mal ; j'espère que vous prouverez qu'il peut faire beaucoup de bien » (6). Les travaux historiques où se trouvent exposés en détail l'administration des intendants, les correspondances des contrôleurs généraux des finances publiées par M. Depping, M. Pierre Clément, M. Arthur de Boislisle montrent que Turgot n'a pas été seul à faire du bien (7).

(1) P. 51.
(2) Livre II, chapitre II.
(3) Livre II, chapitre III.
(4) P. 76.
(5) P. 97.
(6) Condorcet, *vie de M. Turgot*, p. 37.
(7) Depping, *Correspondance administrative sous le règne de Louis XIV.* — Pierre Clément, *Lettres, instructions et mémoires de Colbert.* — Arthur de Boislisle,

Il ne faut pas non plus attribuer aux institutions locales libres plus de mérite qu'elles n'en ont eu. Les États avaient leurs petits côtés, leurs intrigues, leurs faiblesses, leurs misères (1). Ils avaient parfois des idées moins larges que le pouvoir royal et ses représentants pour les entreprises d'utilité publique. On a pu reprocher à certains d'entre eux de l'inertie.

Dans son étude sur *les libertés provinciales en Béarn*, inspirée par le patriotisme local, M. Louis Lacaze en fait l'aveu. « La monarchie, il faut bien le reconnaître, dit-il (2), semblait résumer seule en elle-même l'intérêt général de la Société au milieu des forces ennemies .. C'est le Roi qui, dès le xvii° siècle, insistait vainement en Béarn pour qu'une plus juste répartition des charges y fût établie, et pour que le clergé payât l'impôt. Il serait injuste de ne voir dans les intendants, organes de l'autorité centrale, que des fonctionnaires infatués et trafiquant de leur zèle ; l'aveu est pénible à faire : ils étaient les initiateurs à l'idée du droit. Qui créa, pour ainsi dire, le midi de la France en ouvrant des routes ? Qui propose en Béarn les travaux d'utilité publique, soumet aux États un projet d'endiguement du Gave, décide la construction d'un pont à Pau, organise une sorte d'assurance mutuelle contre les ravages périodiques de l'épizootie, entreprend le grand travail de la liquidation des dettes communales ? Il en coûte de le dire : c'est l'intendant. On ne peut lire les phrases déclamatoires et creuses qu'il consacrait à certains services publics sans reconnaître, sous l'emphase de la forme, le goût d'améliorations réelles dont l'initiative lui était laissée par l'incurie provinciale. »

Ainsi encore c'est sur le territoire des États de Languedoc, dont l'administration a été souvent louée et signalée comme supérieure à celle de la Bourgogne et de la Bretagne, qu'a été exécuté le canal du Midi. Mais cette grande œuvre a été entreprise en vertu d'un édit de Louis XIV, sur la demande de Riquet qui avait soumis ses plans à Colbert ; elle a été exécutée sous la direction immédiate du grand ministre ; les États de Lan-

---

Correspondance des contrôleurs généraux des finances avec les intendants des provinces.

(1) Grün, *Les États provinciaux sous Louis XIV.* — Babeau, *La province sous l'ancien régime*, t. 1.

(2) P. 65.

guedoc avaient d'abord refusé tout concours à l'entreprise, malgré les efforts de l'intendant et leurs subventions n'ont pas dépassé 5 millions de livres sur 17 millions (1).

Il n'en est pas moins vrai que la monarchie en supprimant et les libertés publiques et les libertés administratives locales, a fait une œuvre excessive, funeste pour le pays et pour elle-même.

V

Le gouvernement l'avait senti aux approches de la Révolution de 1789.

La création des Assemblées provinciales sous Louis XVI, création malheureusement trop tardive, a bien été le résultat d'une pression de l'opinion publique (2).

Les plans de réforme écrits secrètement par Fénelon, pour le duc de Bourgogne, n'étaient pas sortis d'un cercle étroit. Mais dès 1750, le mémoire du marquis de Mirabeau sur les *Etats provinciaux* attira l'attention publique sur cette question. La plupart des Académies de province mirent bientôt la question au concours. Un ouvrage couronné par l'Académie de Toulouse fut publié par Le Trosne en 1779 sous le titre *De l'Administration provinciale et de la Réforme de l'impôt*. De son côté, Turgot, en 1775, avait préparé, avec la collaboration de Dupont de Nemours, un mémoire au Roi où il proposait une réforme étendue (3).

Necker décida Louis XVI à tenter un essai dans ce sens. Son mémoire au Roi, qui a été imprimé en 1781 sans son consentement, contenait de vives critiques contre les intendants et les parlements. Il voulait désarmer les uns et les autres. Il est inutile de rappeler ses appréciations bien connues sur les intendants. Quant aux parlements, il voulait leur enlever l'occasion de se mêler de l'administration. « Ce sentiment de leur part se manifeste de plus en plus, disait-il, et ils s'y prennent comme tous les corps qui veulent acquérir du pouvoir en parlant au

(1) Pierre Clément, *Lettres, instructions et mémoires de Colbert*, t. IV. Introduction, p. LXXXIV.

(2) Voir Léonce de Lavergne, *Les Assemblées provinciales sous Louis XVI* (2e édition. 1879). — Comte de Lucay, *Les Assemblées provinciales sous Louis XVI et les divisions administratives de 1789* (2e édition, 1871). — De Girardot, *Essai sur l'administration provinciale du Berri* (1815).

(3) M. de Tocqueville a critiqué très vivement le mémoire de Turgot. *Mélanges, fragments historiques*, p. 155 et s. (1865).

nom du peuple, en se disant les défenseurs des droits de la nation, et l'on ne doit pas douter que, bien qu'ils ne soient forts ni par l'instruction, ni par l'amour pur du bien de l'État, ils ne se montrent dans toutes les occasions aussi longtemps qu'ils se croiront soutenus par l'opinion publique. Il faut donc ou leur ôter cet appui, ou se préparer à des combats qui troubleront la tranquillité du règne de Votre Majesté et conduiront successivement à une dégradation de l'autorité ou à des partis extrêmes dont on ne peut mesurer au juste les conséquences (1) ».

Pour éviter les objections du Roi, il prenait soin d'établir une différence sensible entre les administrations provinciales nouvelles et celles des pays d'États. Un arrêt du Conseil du 12 juillet 1778 ordonna la mise en pratique de cette nouvelle institution dans la province du Berry.

L'Assemblée était composée de membres du clergé, de gentilshommes propriétaires et de membres du Tiers État, en nombre double, désignés par le Roi ; on y votait par tête ; le doublement du tiers et le vote par tête étaient déjà mis en pratique dans les États du Languedoc. Elle était chargée de répartir les impôts et d'en faire la levée, de diriger les travaux des grands chemins et les ateliers de charité, ainsi que tous les autres objets qui lui seraient confiés. Mais aucun impôt ne pouvait être levé, aucune dépense ne pouvait être faite sans l'approbation du Roi. Dans l'intervalle des sessions, un bureau d'administration veillait à l'exécution des décisions de l'Assemblée.

Le 11 juillet 1779, une nouvelle Assemblée provinciale était organisée dans la généralité de Montauban. Cette innovation rencontrait de vives résistances ; le Parlement de Paris avait refusé d'enregistrer l'édit de création d'une Assemblée provinciale à Moulins, et Necker s'était retiré. Néanmoins l'Assemblée des notables, sur la proposition de de Calonne, adoptait l'idée de la généraliser et après la chute de ce ministre, dont les autres projets avaient été écartés, cette institution fut étendue à toutes les généralités des pays d'élections par un édit de juin 1787.

Il y avait trois degrés d'Assemblées toutes électives, du moins

1. Necker est revenu sur la question des Assemblées provinciales dans son *Compte rendu au Roi* (Janvier 1781) et dans plusieurs chapitres de son ouvrage sur *l'Administration des finances de la France* (Chapitres V à VIII (1784).

en partie, les Assemblées municipales, celles d'élection ou de district, et les Assemblées provinciales. Dans les Assemblées provinciales, la moitié des membres était nommée par le Roi et elle élisait l'autre moitié.

Si l'intendant était chargé de contrôler leurs délibérations, il n'avait pas à intervenir pour les faire exécuter; ce soin était réservé exclusivement au président pendant les sessions et aux commissions intermédiaires dans l'intervalle des réunions.

L'extension de ces Assemblées nouvelles fut généralement bien accueillie; les hommes les plus capables du clergé, de la noblesse, du tiers-état en faisaient partie. Elle ne souleva de protestations que de la part des Parlements de Bordeaux, de Besançon et de Grenoble qui réclamaient : le premier la convocation des États généraux, les deux autres le rétablissement des États de leur province. On sait le résultat de la réunion des Trois ordres du Dauphiné au château de Vizille (1).

Les travaux des assemblées provinciales s'étaient poursuivis dans une grande partie du pays pendant l'année 1787 avec une réelle activité. M. de Lavergne et M. le comte de Luçay en ont fait un très intéressant exposé, en remontant à 1778 et 1779 pour le Berri et la généralité de Montauban. Beaucoup d'idées nouvelles y avaient été étudiées. La convocation des États généraux vint les arrêter.

M. de Tocqueville, dans l'*Ancien régime et la Révolution* (2) a reproché à cette réforme d'avoir été mal conçue et d'avoir trop brusquement modifié l'état de choses existant. « Une législation si contraire à celle qui l'avait précédée et qui changeait si complètement non seulement l'ordre des affaires, mais la position relative des hommes, (c'est aux municipalités nouvelles qu'il fait ici allusion) dut être appliquée partout à la fois et partout à peu près de la même manière, sans aucun égard aux usages antérieurs et à la situation particulière des provinces, tant le génie unitaire de la Révolution possédait déjà ce vieux gouvernement que la Révolution allait abattre. »

(1) Les procès-verbaux des Assemblées générales des Trois ordres et des États provinciaux du Dauphiné tenus à Romans en 1788 ont été réimprimés, à l'occasion du centenaire de la Révolution française, avec une introduction de M. André Lebon (Lyon, 1888).

(2) Chap. VII, p. 285 et suiv.

Il considère comme un vice capital la constitution de pouvoirs collectifs chargés à la fois de la délibération et de l'exécution. D'autre part, « ce qui acheva de tout brouiller fut qu'en réduisant l'intendant à l'impuissance, on le laissa néanmoins subsister. On lui imposa le devoir d'aider et de surveiller ce que l'Assemblée ferait, comme si un fonctionnaire déchu pouvait jamais entrer dans l'esprit de la législation qui le dépossède et en faciliter la pratique..... »

« C'est surtout dans les villages que les vices de la nouvelle organisation se firent sentir ; là, elle ne troubla pas seulement l'ordre des pouvoirs, elle changea tout à coup la position des hommes et mit en présence et en conflit toutes les classes. »

Il y a dans ces reproches une part de vérité. On ne doit pas être injuste envers ceux qui ont entrepris de corriger un régime excessif, mais le gouvernement de la France qui avait si longtemps suspendu l'exercice des libertés publiques, en était venu à un point où les réformes même les plus sages pouvaient amener des bouleversements.

Dans le grand mouvement d'opinion qui a précédé la réunion des États généraux, les assemblées provinciales ont leur place. Mais il va de soi que les projets de réforme s'accentuent de plus en plus. C'est non seulement le régime électif sans aucune restriction qu'on réclame, dans une foule de délibérations et de brochures, c'est la liberté de la province et de son administration. Les assemblées provinciales sont considérées « comme les apparences de l'aube du jour »; il faut arriver à des états provinciaux « qui sont le produit inaltérable d'un contrat régulièrement formé. » (1).

C'était aussi ce que réclamaient 118 cahiers dressés pour les États généraux parmi lesquels ceux du clergé et de la noblesse sont nombreux (2).

Aussi, le discours de Necker à la séance d'ouverture des États généraux annonçait l'établissement d'états provinciaux. Les ar-

---

(1) *Les États provinciaux comparés avec les administrations provinciales.* 1789, p. 217.

(2) MM. Mavidal et Laurent, dans l'*Introduction aux Archives parlementaires,* ont donné l'analyse des cahiers des états généraux. Ils signalent plusieurs ouvrages publiés sur cette question, T. I, p. 566, 575 et 583.

ticles 17 à 23 de la déclaration royale du 23 juin réglaient les bases de la nouvelle institution.

Cette déclaration fut emportée dans la tempête. Les États généraux, transformés en Assemblée nationale, n'entendaient pas laisser au roi le soin d'accomplir des réformes.

VI

On a dit souvent que l'assemblée constituante de 1789 a créé la centralisation administrative. Nous avons vu ce qu'il en faut penser. On a dit du moins qu'après avoir détruit celle de l'ancien régime, elle en a reconstitué une nouvelle, plus dangereuse encore. Il faut y regarder de près.

L'œuvre de l'assemblée constituante est très complexe. En réalité, elle a fait à la fois de la centralisation politique et de la décentralisation administrative.

Dans la fameuse nuit du 4 août, elle a détruit, sur l'initiative des représentants du Dauphiné, les privilèges des anciennes provinces, des pays d'États qui subsistaient encore, comme les privilèges féodaux : ce sacrifice lui a paru nécessaire à l'union intime de toutes les parties de la nation. Puis, pour en effacer les traces, elle a fait une nouvelle division du territoire de la France en départements, tous dotés des mêmes droits et sujets aux mêmes lois (1).

On lui en a fait un crime (2). Est-il vrai qu'elle ait mis la patrie en morceaux, suivant le mot de Burke ? A-t-elle déchiré des corps vivants ou dépecé des corps morts ? Y avait-il dans les souvenirs, les traditions des provinces, dans la constitution indépendante des autorités locales qui les administraient une force dont la destruction a compromis la liberté, a fait disparaître des éléments précieux de progrès ?

Ces questions méritent un examen attentif. Nous ne faisons pas bon marché des sentiments élevés qu'on invoque, mais ne faut-il pas se placer sur le terrain pratique ? Ne faut-il pas étu-

1 Voir sur la division de la France, Comte de Lucay, *Les Assemblées provinciales sous Louis XVI et les divisions administratives de 1789*, 2° édition, p. 275. — De Ferron, *Institutions municipales et provinciales comparées* (1884), p. 29. — Girardot, *Les administrations départementales électives et collectives* (1857).

2 Taine, *Le Régime moderne*. T. 1, p. 396.

dier avec soin la carte de l'ancienne France pour noter les points sur lesquels existaient ces souvenirs, ces traditions? Ne faut-il pas rechercher quelle était la mesure de cette indépendance? (1) Le mouvement d'opinion très vif qui s'est produit en 1788 en faveur de la reconstitution des états provinciaux ne doit pas faire illusion. C'était la permanence des états généraux, la liberté politique de la France, le vote régulier de l'impôt et des dépenses publiques par les représentants de la nation qu'on cherchait à obtenir. Mais une assemblée nationale élective pouvait-elle laisser aux états provinciaux le droit de voter ou de refuser, à titre de don gratuit, leur part du budget des recettes de la France?

Parmi les partisans de la décentralisation, il y en a qui ne condamnent pas la suppression des provinces. M. Léonce de Lavergne, dans la préface de son livre sur *les Assemblées provinciales* dit : « Je ne suis pas de ceux qui regrettent l'institution des départements. On aurait pu garder plus de ménagements pour les deux ou trois provinces qui résistaient au fractionnement ; mais presque toutes ont accueilli avec satisfaction une division qui a eu plus de causes naturelles et historiques qu'on ne croit » (2). M. de Ferron, dans son ouvrage sur les *Institutions municipales et provinciales comparées*, fait remarquer que « la division opérée en 1790, n'a pas rompu les affinités naturelles et que les départements ne sont pas des créations aussi artificielles qu'on l'a soutenu » (3).

Thouret allait peut-être cependant un peu loin lorsque, en présentant le nouveau projet du Comité de constitution remanié suivant les indications de Mirabeau, il disait : « Ces affections d'unité provinciale qu'on croit si dangereux de blesser, ne sont pas même offensées par le plan du Comité, puisqu'aucune province n'est détruite, ni véritablement démembrée, et qu'elle ne cesse pas d'être province et province de même nom qu'auparavant pour avoir des divisions nouvelles de représentation et d'administration. » Il lui manquait, en effet, des organes pour manifester sa vie.

(1) Voir Paul Boiteau, *État de la France en 1789*, Chapitres III et IV.
(2) P. X.
(3) P. 33 et s.

Mais quoique l'on doive en penser, la modification des circonscriptions territoriales de la France n'avait rien en soi qui pût compromettre l'établissement d'institutions locales libres.

On a très souvent répété que l'assemblée constituante n'avait pas admis la personnalité civile des départements, alors qu'elle admettait celle des municipalités. C'est une erreur. On a abusé d'une phrase de l'instruction législative du 8 janvier 1790 : « L'État est un, les départements ne sont que des sections d'un même tout. Une administration uniforme doit donc les embrasser tous dans un régime commun ». Il est vrai que la distinction des objets compris dans l'administration locale et des objets compris dans l'administration générale n'était pas très nettement précisée par la loi des 22 décembre 1789-8 janvier 1790, quoiqu'elle y soit faite. Mais on voit dans la loi en forme d'instruction des 12-20 août 1790 (chapitre II) et surtout dans l'instruction concernant le service des ponts-et-chaussées, adressée par ordre du roi aux directoires de département, le 17 avril 1791, que certaines dépenses étaient mises à la charge des départements, notamment les dépenses des routes. D'autre part, si la loi des 22 décembre 1789-8 janvier 1790 interdisait aux assemblées de département d'établir des impôts et de faire des emprunts sans l'autorisation du Corps législatif, cette autorisation a été donnée dans deux lois d'avril et d'octobre 1791. Enfin, M. de Ferron a reproduit le budget du département des Côtes du Nord pour l'année 1791. Il est semblable à l'état des fonds de la province de Bretagne (1).

C'est un reproche tout opposé qu'il faut adresser à l'Assemblée constituante. Elle a poussé la décentralisation administrative à l'excès. La passion contre les intendants l'a aveuglée. Elle a reproduit sur plusieurs points l'organisation des pays d'États et des assemblées provinciales ; mais elle a supprimé presque d'une manière complète les liens entre l'autorité centrale et les autorités locales. Elle a confié non seulement la gestion des intérêts locaux, mais même la gestion des intérêts généraux aux mandataires des citoyens, à des assemblées électives locales,

---

(1) De Ferron, *Institutions municipales et provinciales comparées*, 1884, p. 50. Voir aussi Herman, *Traité de l'administration départementale*. (1825).

sans aucun concours d'un agent du gouvernement, bien que le gouvernement fût chargé de les diriger

Sous l'autorité du Corps législatif, les assemblées de département étaient chargées de la répartition et de la perception des contributions directes. Sous l'autorité du roi, la loi leur confiait les services de l'assistance, de l'instruction publique, la conservation des propriétés publiques et des choses communes, la direction des travaux publics, l'entretien des édifices consacrés au service du culte, enfin le maintien de la tranquillité publique, avec l'emploi des milices ou gardes nationales.

On sait comment elles étaient organisées.

Les administrations électives de département, composées de trente-six membres, se divisaient en deux sections, l'une portant le nom de Conseil de département ; l'autre élue par l'assemblée elle-même, dans son sein et composée de huit membres, portait le nom de directoire. Auprès d'elle, siégeait un procureur général syndic, ayant voix consultative, qui avait le droit de prendre communication des rapports et d'être entendu avant les délibérations. Nous ne ferons pas remarquer les défauts d'une organisation dans laquelle l'action était remise à une autorité collective. Ce n'est pas seulement une question de centralisation (1). Mais ce qu'il faut signaler, c'est que le procureur général syndic, d'ailleurs uniquement chargé de rappeler l'assemblée ou le Directoire à l'ordre, et non de l'y ramener, était élu par les citoyens, comme les membres de l'assemblée.

Le même système était appliqué dans les circonscriptions inférieures, dans les districts et dans les municipalités.

Nulle part, dans les groupes locaux, il n'a été institué d'agent du gouvernement.

M. Taine a fait de ce système une critique dont l'énergie touche à la violence et qui n'est que juste. Il n'est pas moins sévère pour l'œuvre de la Constituante, qu'il ne le sera pour l'œuvre de Napoléon (2).

« C'est en apparence et de nom qu'on lui a donné le pouvoir

(1) Voir Girardot, *Les assemblées départementales électives et collectives* déjà cité. — Ducrocq, *Les procureurs syndics de 1790, et les commissaires du Directoire exécutif de l'an III à l'an VIII, avec l'histoire de l'institution dans le département de la Vienne* (1892).

(2) *Les origines de la France contemporaine : La Révolution.* T. Ier, p. 217.

exécutif (au Roi); de fait, il ne l'a pas, on a eu soin de le remettre à d'autres. — En effet, tous les agents d'exécution, tous les pouvoirs secondaires et locaux sont électifs. Directement ou indirectement, le roi n'a aucune part au choix des juges, accusateurs publics, évêques, curés, percepteurs et receveurs de l'impôt, commissaires de police, administrateurs de district et de département, maires et officiers municipaux. Tout au plus, lorsqu'un administrateur viole la loi, il peut annuler ses actes, le suspendre; encore l'Assemblée, pouvoir supérieur, a-t-elle le droit de lever cette suspension. — Quant à la force armée dont il est censé le commandant en chef, elle lui échappe tout entière : la garde nationale n'a pas d'ordre à recevoir de de lui; la gendarmerie et la troupe sont tenues d'obéir aux réquisitions des autorités municipales qu'il ne peut ni choisir, ni révoquer. Bref, toute action locale, c'est-à-dire toute action effective lui est retirée. — On a brisé de parti pris l'instrument exécutif; on a rompu le lien qui attachait les rouages des extrémités à la poignée du centre, et, désormais, incapable d'imprimer l'impulsion, cette poignée aux mains du monarque reste inerte, ou pousse dans le vide. « Chef suprême de l'administration générale et de l'armée de terre et de mer, gardien de l'ordre et de la tranquillité publique, représentant héréditaire de la nation », en dépit de tous ces beaux titres, le roi n'a aucun moyen d'appliquer sur place ses prétendus pouvoirs, de faire dresser le tableau des impositions dans telle commune récalcitrante, de faire payer l'impôt à tel contribuable en retard, de faire circuler un convoi de blé, exécuter un jugement rendu, réprimer une émeute, protéger les propriétés et les personnes. Car sur les agents qu'on lui déclare subordonnés il ne peut exercer de contrainte; ses seules ressources sont les avertissements et la persuasion. Il envoie à chaque assemblée de département les décrets qu'il a sanctionnés, l'invite à les transmettre et à les faire exécuter, reçoit ses correspondances, la blâme ou l'approuve. Rien de plus, il n'est qu'un intermédiaire impuissant, un héraut ou moniteur public, sorte d'écho central, sonore et vain, où les nouvelles arrivent et d'où les lois partent pour retentir comme un simple bruit. »

Le vicomte de Mirabeau qui n'était pas toujours aussi bien

inspiré, résumait justement la situation dans cette boutade qu'il adressait à Barnave pendant la discussion sur l'organisation judiciaire : « M. Barnave vous a dit que le Roi sera à côté des tribunaux. Le Roi sera à côté des départements, le Roi sera à côté de l'armée, le Roi sera à côté de la Constitution, et s'il est à côté, il est dehors (1). »

Tout gouvernement, quelle que fut sa forme, était impossible avec ce système. Le développement de l'anarchie, sous les yeux et malgré les vains efforts de l'Assemblée constituante elle-même, l'a bien prouvé.

La Convention a passé brusquement au système contraire. Les commissaires ou représentants en mission rappellent et dépassent les intendants de l'ancien régime dans la période de lutte la plus violente contre les résistances locales. Mais ce n'est pas de l'administration qu'ils se sont occupés. Ce qu'il importe de signaler ici, pour ne pas sortir de notre sujet, c'est que la personnalité civile des départements, la distinction entre les dépenses générales et les dépenses locales a été supprimée en l'an II. Elle ne reparaît qu'à partir de l'an IV (2).

A côté de ces mesures excessives et temporaires, il s'en produit d'autres, dans la Constitution de l'an III, qui répondent à une véritable nécessité permanente (3). Auprès des assemblées de département et des municipalités, la constitution institue, à la place du procureur général syndic, élu par les citoyens, un commissaire nommé par le Gouvernement. A la vérité, il n'est encore chargé que de surveiller et requérir l'application des lois, et il restera souvent impuissant en face de l'inertie du directoire qui est toujours une administration collective (4). Mais le gouvernement est armé de pouvoirs nouveaux à l'égard des membres élus des administrations départementales. Il peut non seulement annuler leurs actes, mais les suspendre, les destituer et les remplacer jusqu'à l'élection suivante.

La Constitution de l'an III a essayé encore une autre innovation qui, sans avoir réussi à cette époque, a retrouvé sa place

1. Voir les séances de l'Assemblée des 5, 6 et 7 mai 1790.
2. Lois du 28 messidor an IV, 15 frimaire an VI et 11 frimaire an VII.
3. Constitution de l'an III, articles 174 à 198.
4. Voir l'étude précitée de M. Ducrocq sur les procureurs syndics de 1790, etc.

dans les projets de décentralisation que nous rencontrerons plus tard. L'Assemblée constituante avait donné une vie propre sauf revision, à 44.000 municipalités, en consacrant l'existence des villes, bourgs, paroisses ou communautés de campagne. Les difficultés que soulève l'administration d'un aussi grand nombre de petites communes étaient très apparentes au bout de peu d'années: la Convention voulut remplacer toutes ces petites municipalités par des administrations cantonales. Cette réforme froissait les communes qui attachaient beaucoup de prix à leur individualité (1). Elle était loin de suffire pour rétablir l'ordre dans la marche des affaires municipales, alors que la situation politique et l'ensemble du système administratif favorisaient le désordre. La loi du 28 pluviôse an VIII allait venir. Elle allait rétablir la centralisation en même temps que l'individualité des communes ; elle devait pousser jusqu'à l'excès l'application d'un principe essentiel auquel, depuis l'Assemblée constituante, on ne faisait plus sa part légitime.

VII

Quand on se borne à rapprocher les textes successifs de la législation pour examiner les combinaisons qui sont plus ou moins favorables à l'idéal qu'on s'est formé, au besoin de la liberté, à celui de l'ordre, ou à la conciliation de ces deux éléments nécessaires d'une société civilisée, on n'est pas en mesure d'apprécier ce que valent les systèmes. Les séparer des circonstances dans lesquelles ils se sont produits, c'est omettre un des points essentiels dont il doit être tenu compte. M. de Tocqueville a dit : « la Révolution a eu deux phases bien distinctes, la première, dans laquelle les Français semblent vouloir tout abolir dans le passé, la seconde où ils vont y reprendre une partie de ce qu'ils y avaient laissé » (2). Cela ne tiendrait-il pas à ce qu'il n'était pas raisonnable de vouloir tout abolir dans le passé et à

(1) Nous avons étudié la question du nombre des communes créées en 1789, sur lequel on n'est pas d'accord, et celle de la réunion des petites communes dans notre ouvrage sur les *Sections de commune et les biens communaux qui leur appartiennent* 2e édition, 1861, page 63. Il faut consulter aussi le travail de M. de Crisenoy. *Les petites communes en France et en Italie* 1886.

(2) *L'ancien régime et la Révolution*, avant propos, p. VI.

ce qu'il a suffi d'une courte expérience pour en fournir la démonstration ?

La France, en l'an VIII, n'avait plus de gouvernement, elle n'avait plus d'administration ; elle n'avait plus de police, plus de routes, plus de finances. Elle attendait avec impatience celui qui devait les lui rendre.

Le mal auquel il s'agissait de remédier était immense ; les documents contemporains et les témoignages les plus autorisés ne permettent pas d'en douter (1). M. Thiers a fait du mal et du remède une description qui ne peut s'oublier (2). « C'est pour une telle situation, écrit-il, que le Premier Consul était, on peut le dire, un véritable envoyé de la Providence. » M. Taine constate le mal dans des termes non moins frappants (3). Quant au remède, il le trouve excessif ; il soutient que la législation de l'an VIII a dépassé le but. Ce n'est pas de l'ancien régime qu'il la rapproche, comme M. de Tocqueville, c'est de l'Empire romain. Il ne conteste pas, sur beaucoup de points, les mérites du système ; mais la destruction de la vie propre des administrations locales est pour lui un vice capital. S'il ne faut pas que l'Etat abdique, il ne faut pas non plus que l'Etat usurpe. Et après l'abdication de la période révolutionnaire, l'usurpation va se produire (4).

M. Thiers a fidèlement reproduit l'opinion que les auteurs de la loi de l'an VIII s'étaient faite au sujet des administrations locales quand il a écrit : « Si on livre un pays à lui-même, c'est-à-dire, s'il n'est pas régi par une administration générale à la fois intelligente et forte, les premières de ces affaires, celles de l'Etat, ne se font pas ; les secondes (celles des provinces et des com-

(1) Rocquain, *L'Etat de la France au 18 Brumaire*, d'après les rapports des conseillers d'Etat chargés d'une enquête sur la situation de la République (1874). — Duc de Gaëte, *Notice historique sur les finances de France de l'an VIII (1800) au 1er avril 1814 (1818)*. « Une misérable somme de cent soixante-sept mille francs était, au 20 Brumaire an VIII, tout ce que possédait en numéraire le Trésor public d'une nation de trente millions d'hommes. C'était le produit d'une avance de 300.000 francs que l'on avait obtenue la veille et sur laquelle on avait fait cette réserve pour le service du lendemain. Les armées étaient sans solde, les fonctionnaires payés directement par le Trésor sans traitement..... »

« Il ne pouvait payer (le Trésor) qu'avec les recettes opérées dans la matinée même du jour où les paiements devaient se faire. La caisse ouvrait à deux heures et se fermait lorsqu'elle avait épuisé ses modiques ressources. » p. 15-16. — *Mémoires d'un ministre du Trésor public* (M. Mollien), 1780-1815 (1845), t. 1er, p. 212 et s.

(2) *Histoire du Consulat et de l'Empire*, t. 1er, p. 149 à 158.

(3) *Le régime moderne*, t. 1er, p. 117 à 128.

(4) *Le régime moderne*, t. 1er, p. 171, p. 191, p. 353 et s.

munes) rencontrent dans l'intérêt provincial ou communal, un principe de zèle, mais d'un zèle capricieux, inégal, injuste, rarement éclairé. Les administrations provinciales ou communales ne manquent assurément pas de goût pour s'occuper de ce qui les concerne particulièrement : mais elles sont prodigues, vexatoires, toujours ennemies de la règle commune.... Dès que l'autorité centrale se retire d'un pays, il n'est sorte de désordre auxquels les intérêts locaux ne soient prêts à se livrer, y compris leur propre ruine. En 1789, partout où les communes avaient joui de quelques libertés, elles étaient en état de banqueroute » (1).

Telles sont les préoccupations qui ont dicté la législation de l'an VIII. Elle a d'abord repris — et cela était assurément légitime, — pour le Gouvernement et pour les agents nommés et révocables par lui le pouvoir de veiller à la sécurité publique, d'assurer le recouvrement de l'impôt, de diriger les services publics d'intérêt général. Elle a établi la hiérarchie des préfets, des sous-préfets et des maires, à la place des administrations collectives qui délibéraient toujours et n'agissaient jamais.

« Les conséquences d'un tel changement, dit le Chancelier Pasquier dans ses *Mémoires*, furent considérables. Le principe d'unité d'action au milieu de toutes les divisions territoriales, les responsabilités bien établies remontant jusqu'au chef suprême, ramenèrent promptement l'ordre dans le Gouvernement......

« Ce qu'on appréciait le plus, ce fut le bonheur de voir disparaître une foule de petits fonctionnaires sans mérite, sans capacité, auxquels les administrations d'arrondissement et de département étaient livrées depuis dix ans. Sortis presque tous des derniers rangs de la société, ils n'en étaient que plus enclins à faire sentir le poids de leur autorité. On trouva donc qu'il y avait tout à gagner à n'avoir affaire qu'à un seul représentant de l'autorité qui, pour se maintenir dans une place importante,

(1) *Histoire du Consulat et de l'Empire*, t. 1er, p. 119.
La nécessité d'un contrôle de la gestion financière des communes et les mesures à prendre à ce sujet sont indiquées dans une note curieuse dictée en 1800 par Bonaparte à son frère Lucien, alors ministre de l'Intérieur et qui a été publiée pour la première fois dans la Revue : *L'École des Communes* en 1833, p. 17. Cette note a été reproduite dans *la Correspondance de Napoléon 1er*, publiée par ordre du Gouvernement 1860, t. VI, p. 61.

aurait intérêt à gagner l'estime des administrés. L'établissement des conseils de département et d'arrondissement avait d'ailleurs fait une part aux besoins collectifs des localités et cette part sembla très suffisante. » (1).

Ces derniers mots indiquent l'impression du premier moment lors de l'établissement du nouveau régime administratif institué en l'an VIII. Mais le point qui a donné lieu bientôt à des difficultés, c'est que la loi de l'an VIII ne se bornait pas à donner au Gouvernement le droit de nommer les préfets, les sous-préfets et les maires. Elle faisait aussi nommer par lui, au lieu de les faire élire par les citoyens, les membres des conseils généraux de département, des conseils d'arrondissement et des conseils municipaux. L'obligation de les choisir sur une liste de notabilité formée par les électeurs ou sur des listes de candidats a été promptement perdue de vue. D'autre part les délibérations de ces conseils ont été soumises à un contrôle rigoureux du pouvoir central éclairé par les avis du Conseil d'Etat. Ce régime a duré jusqu'à la Révolution de 1830.

On ne peut signaler de la part du gouvernement de la Restauration que deux projets de réforme qui n'ont pas abouti, l'un le projet de loi présenté en 1821 par le comte Siméon, l'autre le projet de loi soumis à la Chambre des députés en 1829, par M. de Martignac. Tous les deux ont été retirés, le premier sans discussion, le second après une discussion qui a amené le renversement du ministère.

Mais avant le premier de ces projets, dès la chute de l'Empire, il s'était produit un très vif mouvement d'opinion en faveur de l'élection des membres des conseils généraux et des conseils municipaux et du développement des pouvoirs propres de ces conseils et ce mouvement a préparé les réformes accomplies sous le gouvernement de Juillet.

Au mois de décembre 1815, devant la Chambre des députés, M. de Villèle attaquait vivement la centralisation, avec le concours de M. de Corbière. Il revenait à la charge en 1818. M. Duvergier de Hauranne et M. Royer-Collard l'appuyaient énergiquement. Le discours de M. Royer-Collard a été bien souvent cité. « La commune comme la famille, y disait-il, est avant

1 *Histoire de mon temps. Mémoires du chancelier Pasquier* 1893 t.1er. p.117.

A.

l'Etat. La loi politique la trouve et ne la crée pas…. Point d'administrateur légitime de la commune qui n'ait été élu par la commune. » Quand le projet de loi de 1821 qui écartait l'élection des membres des conseils municipaux et généraux par les citoyens fut présenté à la Chambre, quarante-neuf membres de la gauche s'étaient inscrits pour le combattre. M. de Villèle avait alors modifié ses opinions.

Les brochures se multipliaient. Celles de MM. Duvergier de Hauranne, Lanjuinais, de Kératry, Fiévée, Dessauret doivent être citées. Aux brochures s'ajoutaient des livres comme celui de M. de Barante, *Des communes et de l'aristocratie*, celui de M. Henrion de Pansey, sur *le pouvoir municipal*, l'introduction aux *Lois des communes* de M. Dupin (1).

Les ouvrages d'histoire entraient en ligne dans cette lutte. C'est de 1827 à 1829 qu'Augustin Thierry a publié ses dernières *Lettres sur l'histoire de France* où il donnait un si vif relief à la fondation des communes jurées par l'insurrection contre leurs seigneurs, que Guizot a fait son cours sur *L'histoire de la civilisation en France*, que M. Raynouard a publié son *Histoire du droit municipal*. Un souffle de guerre animait ces travaux considérables.

Les projets de loi présentés par M. de Martignac en 1829 donnaient une réelle satisfaction à l'opinion publique. La coalition imprudente de l'extrême droite et de la gauche qui força le ministère à les retirer amena l'avènement du ministère Polignac et la Révolution de 1830 (2).

VIII

Le préambule de la Charte de 1814 avait rappelé « que les communes avaient dû leur affranchissement à Louis-le-Gros,

(1) Ces écrits et d'autres sont signalés en même temps que les discussions des Chambres dans un livre de M. Crosnier, *État du pouvoir municipal et de ses variations depuis la Restauration jusqu'au 23 février 1828 1829*.

(2) Le caractère de ces projets et les incidents de la discussion à la Chambre des députés sont bien mis en lumière dans les *Mémoires du chancelier Pasquier*. (T. VI, p. 150 et suiv., 1895). — M. P. Thureau-Dangin a critiqué aussi vivement la conduite de l'extrême droite que celle de la gauche. — *L'Extrême droite et les royalistes* (1871), p. 312 et suiv., dans le *Recueil d'essais historiques* intitulé : *Royalistes et républicains*. — Id. *Le parti libéral sous la Restauration* (1876), p. 111 et suiv.

la confirmation et l'extension de leurs privilèges à Saint-Louis et à Philippe-le-Bel. » La Charte de 1830 promit « des institutions départementales et municipales, fondées sur un système électif ».

Cette promesse fut tenue par les lois du 28 mars 1831 et du 18 juillet 1837, sur les communes, et par celles du 22 juin 1833 et du 10 mai 1838 sur les départements. L'élaboration des réformes fut longue.

Dans la loi sur l'organisation municipale, la question la plus grave était celle de la nomination des maires, qui n'étaient pas seulement les représentants des communes, mais qui, par la force des choses, étaient les agents de l'État pour l'exécution des lois d'intérêt général. Elle fut tranchée par une transaction. Le maire dut être nommé par le roi ou par les préfets, suivant l'importance des communes, mais choisi parmi les membres du Conseil municipal.

Dans les deux lois sur les attributions, les débats les plus vifs s'engagèrent sur l'indépendance qu'il convenait d'accorder aux administrateurs des communes et des départements, la mesure dans laquelle il était possible de restreindre ce qu'on appelle la tutelle administrative, l'approbation de leurs actes par l'autorité centrale ou ses délégués.

Ce mot de tutelle administrative nous a toujours paru regrettable. Il soulève les protestations des représentants élus des localités qui se prétendent aussi éclairés et mieux placés que les agents du pouvoir central pour apprécier les intérêts dont ils ont la gestion, et qui réclament, comme M. de Tocqueville, « contre l'insolence du mot ». Il ne donne pas une idée juste des motifs qui ont fait prendre des précautions contre les pouvoirs locaux. Ce qui justifie ces précautions, c'est surtout la crainte que ces pouvoirs n'abusent de leur autorité, qu'ils ne violent la législation établie pour limiter leur action et donner des garanties à la minorité, qu'ils ne compromettent les intérêts généraux du pays en épuisant les ressources des contribuables et n'engagent d'une manière excessive l'avenir de la localité.

En 1833, dans la discussion de la loi sur les attributions municipales, M. Thiers, alors ministre de l'Intérieur, répondant à M Jouffroy, s'appliquait à démontrer « que ces expressions de tutelle et de minorité sont fausses, et que c'est avec des expressions fausses qu'on répand dans le pays des erreurs dommageables. » (1).

Pour notre part, nous nous sommes appliqué, dans nos écrits, à substituer au mot de tutelle, celui de contrôle, qui nous paraît plus juste à tous les points de vue, et nous avons déjà obtenu quelques adhésions. Mais les adversaires passionnés de la centralisation préféreront toujours un mot qui leur fournit un argument.

L'organisation du contrôle limité, telle qu'elle résulte des lois de 1837 et de 1838, soulevait quelques points essentiels, qui se retrouvent dans toutes les lois postérieures. Quelles seraient les délibérations que les pouvoirs locaux pourraient prendre sans approbation de l'autorité supérieure, mais sous la réserve du droit conféré à cette autorité d'annuler les actes qui violeraient la loi ou qui donneraient lieu à des plaintes des intéressés? Quelles seraient les dépenses obligatoires que les autorités locales ne pourraient se dispenser d'inscrire à leur budget pour assurer sur toute la surface du territoire la régularité des services administratifs et la satisfaction des besoins collectifs de la voirie, du culte, de l'instruction publique, de l'assistance publique, dans les conditions prévues par la loi, et que, à leur défaut, l'autorité supérieure pourrait y inscrire d'office?

On se préoccupait aussi de répartir entre le pouvoir central et ses agents, l'exercice de ce contrôle jugé nécessaire, pour éviter les lenteurs de l'instruction.

La solution était difficile, à cause du très grand nombre de petites communes qui n'avaient pas les ressources nécessaires en hommes et en argent pour constituer une bonne administration municipale. Aussi un groupe de députés réclamait la division des communes en deux catégories, les communes rurales et les communes urbaines, soumises à des règles différentes. On demandait aussi, par des motifs analogues, que le canton formât une circonscription administrative avec un conseil spécial disposant d'un budget.

Ce n'est pas le lieu d'insister sur ces débats. L'esprit de la

1 *Moniteur* du 18 mai 1855, p. 1275.

législation nouvelle est fidèlement exposé dans les remarquables rapports de M. Vivien à la Chambre des députés et de M. le baron Mounier à la Chambre des pairs.

Mais la part faite aux pouvoirs locaux fut bientôt jugée insuffisante. Pendant que M. de Cormenin défendait avec éclat la centralisation administrative, dans l'Introduction à son ouvrage sur le *Droit administratif* (1), M. Béchard et M. Raudot qui appartenaient au parti légitimiste, renouvelaient les attaques avec les souvenirs des pays d'États (2). M. de Tocqueville apportait dans le débat l'exemple de la décentralisation pratiquée aux États-Unis d'Amérique, et il en faisait la théorie dans des pages célèbres, où il développe cette thèse tant de fois répétée : « C'est dans la commune que réside la force des peuples libres. Les institutions communales sont à la liberté, ce que les écoles primaires sont à la science, elles la mettent à la portée du peuple, elles lui en font goûter l'usage paisible et l'habituent à s'en servir » (3).

Par une tactique habile, qui a jeté une certaine confusion dans les polémiques sur ce sujet, M. de Tocqueville, en distinguant la centralisation gouvernementale et la centralisation administrative, restreignait arbitrairement la définition de la centralisation administrative au point qu'il voulait attaquer, à « la concentration dans une même main, du pouvoir de diriger les intérêts spéciaux à certaines parties de la nation, tels, par exemple, que les entreprises communales. » Cela lui permettait de dire que la centralisation administrative n'est propre qu'à énerver les peuples qui s'y soumettent.

La Révolution de 1848 remit en question toute la législation municipale et départementale.

La Constitution républicaine, votée par l'Assemblée de 1848, contenait un chapitre sur l'administration intérieure (art. 76 à 80), Elle posait les règles fondamentales relatives à la division du territoire, aux autorités chargées de l'administration des

1 Il faut signaler dans le même sens, une étude sur la *centralisation administrative en France*, par M. Saulnier, conseiller d'Etat, préfet (1833).

2 Béchard, *Essai sur la centralisation administrative* (1836). — Raudot, *La France avant la Révolution* (1841, 2e édition, 1847).

3 *De la démocratie en Amérique* (1831), t. Ier, chap. V. *Des effets politiques de la décentralisation administrative aux États-Unis.*

intérêts locaux. Elle renvoyait à une loi le soin de déterminer la composition et les attributions des conseils électifs, et la nomination des maires et adjoints. Provisoirement, une loi du 3 juillet 1848, avait donné aux conseils municipaux le droit d'élire les maires dans les communes qui avaient moins de 6.000 habitants et qui n'étaient pas chefs-lieux de département et d'arrondissement. La seule innovation consacrée par la constitution était l'établissement d'administrations cantonales. Le conseil d'arrondissement était supprimé ; mais le sous-préfet était maintenu,

D'autres innovations avaient été présentées et discutées ; elles avaient été toutes écartées. M. Béchard, en son nom et au nom de 45 autres représentants, avait proposé de consacrer les deux principes suivants : « 1° Gestion par des administrateurs élus par les citoyens des intérêts purement locaux ; 2° attribution aux agents du pouvoir exécutif de l'administration des intérêts généraux et du soin d'empêcher que les administrations locales n'empiètent sur la politique et sur l'administration générale. » Combattue par M. Charles Dupin et par notre savant maître, M. Boulatignier, dont nous suivions alors les leçons à l'École nationale d'administration, la réforme proposée par M. Béchard l'était aussi par la Commission ; M. Dufaure faisait remarquer, en son nom, combien les lois votées sous le Gouvernement de juillet avaient modifié la situation des conseils généraux et des conseils municipaux : il indiquait que des progrès dans la même voie étaient possibles, mais qu'un bouleversement serait dangereux. Elle fut repoussée par une forte majorité (1).

En exécution de la constitution, un grand travail de revision de la législation départementale et communale fut fait au Conseil d'État et à l'Assemblée législative. Le Conseil d'État avait, sur la demande de l'Assemblée, préparé en 1850 et 1851 un projet de loi en quatre livres relatif aux communes, aux cantons, aux départements, aux conseils de préfecture. Les remarquables rapports de MM. Vivien, Vuitry, Tourangin et Boulatignier qui accompagnaient ce projet ont conservé sur bien des points toute leur autorité. Le projet préparé par la Commission

____

(1) *Moniteur* des 19 et 20 octobre 1848 (séances du 18 et du 19 octobre).

de l'Assemblée nationale et dont les rapporteurs étaient MM. de Vatimesnil, Odilon Barrot, de Laboulie et de Larcy, entrait plus que celui du Conseil d'État dans la voie de l'indépendance des administrations locales, mais il repoussait plusieurs propositions de M. Raudot, qui tendaient à enlever aux préfets les fonctions du pouvoir exécutif pour les affaires du département et à rétablir les provinces.

La dissolution de l'Assemblée nationale empêcha le vote de ces projets. Mais les idées restaient dans l'air. Si le Gouvernement de cette époque reprenait, en 1852, la nomination des maires et des adjoints dans toutes les communes, avec le droit de les choisir même en dehors du conseil municipal (1), la décentralisation fut l'objet de ses préoccupations pendant la période dictatoriale où il exerçait le pouvoir législatif. Un décret du 25 mars 1852, délégua aux préfets le pouvoir de faire un grand nombre de nominations de fonctionnaires appartenant aux services généraux de l'État, et en outre, celui de statuer sur une série d'affaires dont la solution exigeait jusque-là une décision des ministres ou du Gouvernement avec ou sans le concours du Conseil d'État. Un décret analogue fut rendu le 13 avril 1861. Nous nous sommes permis de dire, il y a longtemps (2), que c'était de la déconcentration plutôt que de la décentralisation. En effet, la centralisation subsistait toujours, puisque les actes des préfets guidés, en général, par les instructions du pouvoir central, pouvaient être attaqués devant le pouvoir central et restaient soumis, soit au contrôle du ministre, soit à celui du Conseil d'État statuant sur les recours pour excès de pouvoirs et ce contrôle prit bientôt de grands développements au profit des citoyens. Nous ne savons si ce mot pénétrera dans la prochaine édition du *Dictionnaire de l'Académie française*, mais il nous semblerait à tout le moins utile, pour éviter des erreurs, de retoucher la définition de la

(1) Constitution du 11 janvier 1852, art. 57, — loi du 7 juillet 1852 ; — loi du 5 mai 1855.

(2) *Introduction à l'étude du droit administratif*, 1re conférence faite à l'école des Ponts-et-Chaussées (1865), p. 61. — *Conférences sur l'administration et le droit administratif*, t. 1er, 1re édition, (1869, p. 101.) Voir dans le sens de notre opinion Ducrocq, *Cours de droit administratif*, 6e édition, t. 1er, p. 97. — Hauriou, *Répertoire du droit administratif*, au mot *décentralisation*, n° 22.

centralisation qui paraît trop assimilée à la concentration (1).

Ces mesures ne suffisaient pas pour satisfaire l'opinion publique qui réclamait l'extension des pouvoirs propres attribués aux corps électifs. Sans doute, M. Dupont-White avait brillamment défendu la centralisation dans ses deux ouvrages : *L'Individu et l'État, la Centralisation* (2), où il montrait tous les progrès que l'État avait fait faire à la société, où il signalait que l'Angleterre modifiait sa législation en s'inspirant de cette idée. Il revenait bientôt à la charge dans un nouveau livre, *La liberté politique considérée dans ses rapports avec l'administration locale*, où il soutenait, avec une grande richesse de développements, que l'exercice du pouvoir municipal, limité à de petites questions, ne prépare pas à la pratique du gouvernement d'une nation, où il présentait une capitale puissante comme un correctif de la centralisation, comme une force à la fois pour le principe d'autorité et pour le principe de liberté (3).

Mais M. Vivien, en remaniant ses *Études administratives*, avait repris, dans une certaine mesure, les opinions adoptées par la Commission de l'Assemblée législative, en 1851. Il allait même jusqu'à ne pas s'effrayer de la constitution de circonscriptions plus étendues que le département, du mariage des vieilles institutions avec les institutions nouvelles (4). M. Odilon Barrot, M. Béchard, M. Raudot, M. Elias Regnault, M. Chevillard publiaient de nouveaux ouvrages, livres ou brochures, bien plus hardis (5). M. de Tocqueville exerçait une action plus profonde sur l'opinion publique avec son livre sur l'*Ancien régime et la*

---

1 M. de Gérando, dans un article sur la centralisation (*Encyclopédie des gens du monde*, 1832), explique que la centralisation est l'action de rattacher, de relier à un centre ; la concentration, l'action de rapprocher du centre et d'y réunir les parties d'un même tout.

2 2ᵉ édition, 1858. — 1ʳᵉ édition, 1856.

3 1861, p. 192 à 205, p. 218.

4 *Etudes administratives* 2ᵉ édition, 1852, t. II, p. 110.

5 Odilon Barrot, *De la centralisation et de ses effets* (1861), 2ᵉ édition, 1870. — Béchard, *De l'administration intérieure de la France* (1851). — Raudot, *la Décentralisation* (*Correspondant*, novembre 1858, juin 1861). — *L'administration locale en France et en Angleterre* (*Correspondant*, août 1860). — Elias Regnault, *La Province, ce qu'elle est, ce qu'elle doit être* (1861). — Chevillard, *De la division administrative de la France et de la centralisation* (1852). Il faut y joindre deux brochures anonymes : *Décentralisation et Régime représentatif*. — *La Décentralisation à l'œuvre*, publiées à Metz en 1863, dont M. Vaillant a déclaré plus tard être l'un des auteurs, en indiquant qu'elles avaient été inspirées par la lettre du comte de Chambord écrite en 1862.

Révolution approuvé par les uns, combattu par les autres et qui. pour être au-dessus des polémiques du jour. n'en attaquait pas moins vivement le régime existant.

Un discours prononcé par M. de Morny à l'ouverture de la session du Conseil général du Puy-de-Dôme, au mois d'août 1858, et qui affirmait que l'Empereur songeait à donner plus de liberté aux corps électifs locaux, une lettre du comte de Chambord écrite en 1862, avaient eu du retentissement.

En vertu d'une lettre impériale du 24 juin 1863. le Conseil d'État fut appelé à préparer une nouvelle réforme du système de centralisation administrative. Parmi les réformes qui sont sorties de ces travaux, figuraient deux projets de loi, l'un sur les attributions des conseils généraux. l'autre sur les attributions des conseils municipaux qui ont été présentés à la Chambre des députés le 16 février 1865 et promulgués. après la discussion de nombreux amendements, le 18 juillet 1866 et le 24 juillet 1867 (1).

On restait dans le cadre tracé par les législateurs de 1837 et de 1838. Seulement, les pouvoirs propres des administrations locales étaient étendus. La réforme était sensible surtout pour les conseils généraux de département. La loi leur donnait le droit de statuer définitivement sur une longue série d'affaires et leurs délibérations à ce sujet ne pouvaient être annulées par le Gouvernement que pour excès de pouvoirs ou pour violation d'une disposition de la loi ou d'un règlement d'administration publique. Pour les conseils municipaux, la réforme était moins large ; en cas de désaccord entre le maire et le conseil municipal sur les délibérations qui avaient, en principe, un caractère définitif, la délibération devait être soumise à l'approbation du préfet, et il ne faut pas oublier que le maire, nommé par le Gouvernement. pouvait avoir été pris en dehors du conseil municipal.

J'ai le souvenir que, dans la préparation de la loi sur les

(1 Dans les premiers mois de l'année 1852, la Section de l'Intérieur du Conseil d'État avait étudié deux projets de loi communale et de loi départementale qui reproduisaient à peu près les projets préparés en 1850 par le Conseil d'État. Au bout de peu de temps, on avait restreint les études à la partie des projets concernant l'organisation des maires, des conseils municipaux et des conseils généraux.

conseils municipaux au Conseil d'État, un amendement fut présenté pour faire limiter les dépenses facultatives des communes en ne laissant aux conseils municipaux leur liberté d'action que dans le cercle des affaires d'administration des intérêts locaux. C'était un moyen de faire tomber des objections contre l'extension de l'indépendance des conseils municipaux. L'idée était nouvelle, elle fut d'abord prise en considération par la section de l'intérieur, puis écartée par l'assemblée génér le. L'auteur de l'amendement, simple maître des requêtes à cette époque, n'osa pas prendre la parole pour la défendre quand il la vit abandonnée par la section. Mais je persiste à croire que l'idée était juste et prudente. On avait vu des conseils généraux de département organiser des assurances contre l'incendie ou les fléaux qui frappent l'agriculture, on pouvait voir des conseils municipaux créer des industries communales de toute espèce. L'expérience qui a commencé à se faire dans ces derniers temps nous autorise à reproduire notre idée.

IX

C'est au moment où s'élaboraient les lois de 1866 et de 1867 que fut publié le fameux programme de Nancy sous le titre : *Un projet de décentralisation* (1). Les auteurs de ce projet, déjà connus par un recueil intéressant de mélanges politiques, historiques et littéraires intitulé *Varia*, voulaient : « 1° fortifier la commune qui chez nous existe à peine ; 2° créer le canton qui n'existe pas ; 3° supprimer l'arrondissement qui ne répond à rien ; 4° émanciper le département ». Ils acceptaient la nomination du maire par le gouvernement, pourvu qu'il fût pris dans le sein du Conseil municipal. Mais ils voulaient enlever au préfet tout contrôle sur l'administration des communes ; ils voulaient lui enlever l'administration du département, confiée, sous la direction du Conseil général, à une commission exécutive permanente ; ils ne lui laissaient que la politique, c'est-à-dire tout ce qui tient aux rapports avec le gouvernement.

Le projet avait été communiqué à un grand nombre d'hommes politiques appartenant aux nuances diverses de l'opposition (il

(1) 2° édition, 1865.

y en avait plus de soixante) qui donnèrent, en principe, leur adhésion aux réformes proposées. M. le duc de Broglie, M. de Montalembert, M. Casimir Perier, M. Duvergier de Hauranne, M. Prévost-Paradol et M. d'Haussonville étaient d'accord avec MM. Jules Simon, Eugène Pelletan, Jules Favre, Garnier Pagès, Lanfrey, Hérold et avec MM. Berryer, de Falloux, de Larcy, de Laboulie, Béchard et Raudot.

Toutefois parmi les adhérents qui développaient en général leur opinion, ce qui rend très intéressante la seconde édition du programme de Nancy, les uns faisaient certaines réserves, d'autres trouvaient le projet trop timide.

M. Guizot réclamait contre l'assertion que le gouvernement de Juillet n'avait rien fait et l'assertion était évidemment injuste. M. Dufaure, M. le prince Albert de Broglie, M. Carnot, M. Desmarest, demandaient que l'unité nationale fût sauvegardée, et que l'opinion publique fût rassurée sur ce point essentiel.

Mais M. Jules Ferry disait : « Si vous voulez être un peuple laborieux, pacifique et libre, vous n'avez que faire d'un *pouvoir fort*. Fractionnez-le donc, pour l'affaiblir..... Souscrivons tous à cette formule qui n'a du paradoxe que l'apparence : *La France a besoin d'un gouvernement faible.* » Il ajoutait : « Morceler l'autorité préfectorale, faire disparaître jusqu'au nom de cette institution issue en droite ligne des Césars de la décadence, c'est vraiment, comme on dit aujourd'hui, replacer la pyramide sur sa base. »

M. Odilon Barrot voulait supprimer toute espèce de dépenses obligatoires pour les communes, sauf les dettes. M. Andral et plusieurs autres réclamaient l'élection des maires par les conseils municipaux.

Un point sur lequel tout le monde était d'accord, c'est que l'accroissement des attributions des préfets réalisé en 1852 et en 1861 était un mal considérable ; « c'est toujours le même marteau qui frappe ; seulement on a raccourci le manche », écrivait M. Odilon Barrot. On en arrivait à dire que les ministres et le Conseil d'État offraient plus de garanties pour la bonne expédition des affaires et qu'un peu de temps perdu était un petit inconvénient à côté de ceux du pouvoir excessif qui donnait aux agents du gouvernement dans les départements une si grande influence.

On était ainsi entraîné sur le terrain de la liberté politique. La plupart des écrits qui appuyaient ce projet de réforme ne le dissimulaient pas, et la publication d'une brochure anonyme : *De la décentralisation et des partis* montrait que le gouvernement y voyait une machine de guerre (1).

Ce qui faisait du reste le mérite du programme de Nancy aux yeux des hommes politiques qui y donnaient leur adhésion, c'est qu'il posait sur le terrain pratique un problème déjà agité par les écrivains libéraux les plus autorisés et qui occupait une large place dans l'ensemble des réformes qu'ils réclamaient ardemment. Avons-nous besoin de rappeler parmi ceux qui menaient cette campagne, et M. Jules Simon, avec sa *Liberté politique*, et M. Laboulaye avec *le Parti libéral, son programme et son avenir* et même avec son pamphlet, *Paris en Amérique*, et M. Léonce de Lavergne avec les *Assemblées provinciales*, et M. de Rémusat, avec la *Politique libérale*, et M. Prévost-Paradol avec *la France nouvelle* ?

A ces livres si remarqués vint s'ajouter bientôt l'ouvrage du duc Victor de Broglie, *Vues sur le gouvernement de la France*, publié par son fils, qui discutait avec une grande modération et une grande précision les réformes applicables, y compris celle qui touchait aux provinces (2).

Il ne faut pas oublier la *Réforme sociale* de M. Le Play qui, sans faire le même bruit dans le monde politique, attirait l'attention par la méthode propre à l'auteur, par l'originalité de ses

1. Nous citerons notamment : de Kérigant, *La liberté de la France* (1865). — Ernest Desmarest, *Les États provinciaux, Essai sur la décentralisation* (1868). — De Marcère, *La politique d'un provincial* (1869), lettres 15 à 19. — Ernest Fournier, *Les réformes nécessaires* 1869, etc.

Une brochure intitulée : *Le manifeste de Nancy et la démocratie*, par J. Labbé (1865), indiquait les répugnances des organes de la démocratie avancée à s'associer aux promoteurs de ce mouvement qui leur paraissait conduit principalement par les légitimistes.

2 Jules Simon, *La liberté* 1859. Id. *La liberté politique* (1868) chap. IV. *La réforme administrative.* — Edouard Laboulaye, *Paris en Amérique* 1862 ; Id. *Le parti libéral, son programme et son avenir* 1864. — Léonce de Lavergne, *Les Assemblées provinciales sous Louis XVI* 1863. — Ch. de Rémusat, *Politique libérale ou fragments pour servir à la défense de la Révolution française* (1860). — Prévost-Paradol, *La France nouvelle* (1868), livre II, chap. II. — Duc de Broglie, *Vues sur le gouvernement de la France* mai 1870.

vues, la hardiesse avec laquelle il cherchait à remonter le courant moderne et qui, attaquant vivement la bureaucratie européenne et son influence, présentait un plan approfondi de réformes.de la vie communale et de la vie provinciale en opposant à la législation française celle qui régissait alors l'Angleterre (1).

A la suite du mouvement qu'avait produit la publication du programme de Nancy, il s'en était produit un autre, celui du Congrès de Lyon. Un certain nombre de journaux de province avaient organisé une réunion qui s'était tenue les 8, 9, 10 et 11 septembre 1869, dans les bureaux du journal *la Décentralisation* à Lyon et ils avaient formulé des vœux qui touchaient à des sujets très variés, notamment à la liberté de la presse, mais au milieu desquels la question des communes, des départements et des provinces était examinée. Beaucoup de journaux reproduisirent le manifeste du Congrès de Lyon et contribuèrent ainsi à entretenir l'agitation (2).

Lorsque le Gouvernement impérial fut entré dans cette dernière phrase qu'on appelle l'Empire libéral, il crût nécessaire de faire étudier de nouvelles réformes. Une décision du 21 février 1870, constitua une commission où figuraient en grand nombre, pour prendre l'expression du rapport ministériel, « les hommes qui s'étaient spécialement occupés, au point de vue théorique, de la décentralisation (3) ».

On y comptait, sur 47 membres, 3 sénateurs, 10 députés, la plupart maires de grandes villes, et 6 conseillers d'État, dont 4 conseillers en service ordinaire; nous avions l'honneur d'y siéger en cette qualité.

La présidence de la Commission était attribuée à M. Odilon Barrot. M. de Metz-Noblat y représentait les auteurs du programme de Nancy, M. Moulin la Commission de l'Assemblée législative de 1851. M. Garnier, directeur du journal *la Décentralisation* qui avait été l'âme du congrès de Lyon, y avait été appelé avec le marquis d'Andelarre qui avait donné son concours au congrès. A côté de M. Dupont White, se trouvaient MM. Prévost-Paradol, Le Play, Léonce de Lavergne, Louis

(1) *La réforme sociale en France déduite de l'observation comparée des peuples européens*, par M. Le Play. 1864. t. II, chap. VII.

(2) *Congrès décentralisateur de Lyon. Nos réserves*, par Vaillant (1870).

(3) *Journal Officiel* du 22 février 1870.

Lacaze, de Kérigant, Raudot, Desmarest, dont nous avons signalé les ouvrages. M. Lambrecht, qui devait se trouver, en 1871, ministre de l'Intérieur, s'y rencontrait avec M. Waddington, qui a été le rapporteur de la loi du 10 août 1871, sur les conseils généraux et lorsque, dans la discussion de cette loi, M. Lambrecht, sous l'impulsion de M. Thiers, a lutté contre M. Waddington, les souvenirs des études de la Commission ont amené les deux adversaires à nous demander des avis (1).

Les travaux de la Commission qui siégeait dans le Palais du Conseil d'État, brûlé un an après par la Commune, avaient encore amené la publication de nombreuses brochures (2). Ils n'étaient pas terminés lorsque survint la Révolution du 4 septembre 1870.

Mais ils avaient été menés avec activité. Nous avons conservé quatre projets préparés par les sous-commissions : un projet de loi sur les conseils généraux de département, un projet sur les conseils cantonaux, un projet de modifications à introduire dans la loi municipale, un projet sur les conseils de préfecture. Le premier était accompagné d'un rapport de M. Savary, secrétaire-adjoint, le second d'un rapport de M. Desmarest, le troisième d'un rapport de M. le baron de la Coste, secrétaire.

Le plus avancé était le premier, qui fut discuté en entier et dont la Commission avait fait remanier plusieurs articles. Entre

(1) Il sera peut-être intéressant de donner la liste, rectifiée quelques jours après le 22 février, des membres de la Commission dont les ministres faisaient partie de droit. Président, M. Odilon Barrot, vice-président, M. Drouyn de Lhuys, MM. le duc d'Albuféra, Ancel, marquis d'Andelarre, Aucoc, Audiganne, d'Auribeau, baron de Barante, baron Benoist d'Azy, Edmond Blanc, Bonjean, Boulatignier, Brame, baron Bucquet, Maxime Du Camp, Corbin, comte de Cosnac, Dauphin, Desmarest, Dupont-White, le général Favé, le comte de Flavigny, de Freycinet, Garnier, Genteur, Guillaume Guizot, Josseau, de Kérigant, Louis Lacaze, Lambrecht, Latour-du-Moulin, Léonce de Lavergne, Le Play, baron Leroy, marquis de Maussabré, Méze, de Metz-Noblat, comte de Mortemart (Henri), Moulin, comte Murat, Peyrusse, Prax-Paris, Prévost-Paradol, Louis Reybaud, Raudot, Target, Waddington, O. de Vallée. A ces membres étaient adjoints 7 secrétaires ayant voix délibérative, MM. de Bonnechose, le baron de la Coste, Durangel, Lefèvre-Pontalis (Amédée), de Meynard, de Ravignan, de Salverte, et 6 secrétaires-adjoints, MM. Blin de Varlemont, Burin des Roziers, Flourens, de Maslatrie, de Richemont, Savary. Le plus grand nombre des secrétaires et des secrétaires-adjoints avaient été choisis parmi les maîtres des requêtes et les auditeurs au Conseil d'État.

(2) Raudot, *La Décentralisation en* 1870. (*Correspondant*, avril 1870. — De Larcy, *La Décentralisation de 1789 à 1890* (*Correspondant*, avril 1870.) — Général Favé, *La Décentralisation* 1870. — Félix Lebon, *La Décentralisation* 1870. — David de Penanrun, *Décentralisation, le passé, le présent, l'avenir* 1870. — Comte de Mac-Carthy, *Les Assemblées départementales devant la France parlementaire* 1870, etc.

autres innovations, on y voyait l'institution de la Commission départementale élue par le Conseil général, chargée de concourir avec le préfet à l'administration du département et appelée à le remplacer pour la surveillance et le contrôle des actes des administrations cantonales et municipales.

La question des régions et administrations provinciales avait été soulevée, sous diverses formes, par des propositions de M. Moulin, de M. de Freycinet, de M. de Metz-Noblat.

Les lois du 22 juillet 1870, dont l'une, en maintenant au gouvernement le droit de nommer les maires et adjoints, exigeait qu'ils fussent choisis dans le sein du Conseil municipal, dont l'autre rendait aux Conseils généraux de département la nomination de leurs présidents, ont été inspirés par les travaux de la commission. Seulement, pour la nomination des maires, le Gouvernement s'en était tenu au programme de Nancy, tandis que la commission, à la majorité d'une voix (24 contre 23), s'était prononcée pour l'élection par les conseils municipaux dans toutes les communes, excepté Paris et Lyon. Je me rappelle les hésitations de M. Odilon Barrot, devenu prudent au fauteuil de la présidence, et la vivacité avec laquelle M. Prévost-Paradol le poussait dans le sens le plus libéral. Le ministre de l'Intérieur ne cacha pas ses regrets du vote de la commission et déclara qu'il ne s'y conformerait pas. Cet incident causa une certaine émotion; mais les partisans de la décentralisation la plus large n'en furent pas découragés. Ils ne devaient pas tarder à prendre leur revanche à l'Assemblée nationale de 1871.

Nous sommes arrivé à notre dernière étape, à la loi du 10 août 1871, sur les Conseils généraux de département et à la loi du 5 avril 1884, sur les Conseils municipaux, complétée par celle du 22 mars 1890 sur les syndicats de communes.

Le projet de loi sur les Conseils généraux avait pour base celui qu'avait adopté la Commission de 1870. Le rapporteur de la sous-commission, devenu député, l'avait présenté à l'Assemblée nationale; MM. Magnin et Bethmont, puis l'infatigable M. Raudot en avaient présenté d'autres. Après une longue étude, la Commission de l'Assemblé déclarait, par l'organe de M. Waddington, « qu'elle laissait de côté les propositions prématurées ou dépassant les limites d'une sage décentralisation, qu'elle agrandissait la sphère d'action des conseils généraux sans diminuer en rien les légitimes attributions du pouvoir central. »

Elle écartait en effet la proposition de M. Raudot, tendant à la formation de provinces comprenant plusieurs départements. Il lui paraissait suffisant d'autoriser les départements à s'entendre quand ils auraient des intérêts communs. Elle maintenait au préfet les fonctions du pouvoir exécutif pour les affaires départementales, au lieu d'instituer à côté de lui un administrateur élu par le Conseil général. Toutefois elle donnait à la Commission départementale, conformément au projet de 1870, des pouvoirs étendus et notamment lui transférait le contrôle des actes des administrations municipales.

Quant aux attributions propres du Conseil général, elle ne les étendait pas beaucoup au-delà de ce qu'avait fait la loi du 18 juillet 1866, qui avait accompli une réforme importante.

C'est au sujet des attributions de la Commission départementale que le gouvernement combattit le projet. Il soutenait que si un contrôle devait être exercé sur les délibérations des communes, c'était au nom des intérêts généraux de l'État et du respect de la loi et que le Conseil général ou la Commission déléguée par lui n'avait pas qualité pour exercer un semblable contrôle. La proposition de la Commission avait cependant été adoptée à la seconde délibération ; mais, avant la troisième délibération, sur les instances de M. Thiers, la Commission retira son projet qu'il lui parut préférable d'ajourner jusqu'au moment où la loi municipale serait revisée.

Cette revision de la loi municipale, tentée bien fréquemment depuis cette époque, n'a été achevée qu'en 1884. Le but que l'on a cherché surtout à atteindre, c'est de faire un code complet de l'organisation et des attributions des autorités municipales. Mais les innovations graves, telles que l'indépendance absolue des communes, l'attribution du contrôle à la Commission départementale ou au Conseil général ont été repoussées. Il en a été de même du projet de placer à côté du maire un comité administratif. Les pouvoirs propres du Conseil municipal ont été étendus dans une certaine mesure. Les communes ont été autorisées à se concerter pour des entreprises d'utilité collective, comme les départements pouvaient le faire, d'après la loi de

1874 et les moyens d'organiser cette entente, même entre des communes appartenant à des départements différents, ont été précisés dans la loi du 22 mars 1890, sur les syndicats de communes. Mais les dispositions nouvelles ne constituent que des progrès dans la voie où s'était engagé le législateur depuis le gouvernement de juillet et les satisfactions accordées aux autorités locales ne compromettent pas les intérêts généraux du pays.

Quant à la réforme de l'organisation cantonale, proposée plusieurs fois au Parlement par des projets émanés du gouvernement ou de l'initiative parlementaire, elle n'a pas encore abouti (1).

Toutefois, la question de la décentralisation reste posée. Il semble que ce soit le sort des réformes accomplies dans cet ordre d'idées de n'être jamais considérées comme définitives. Depuis le commencement du siècle, on se plaint de « l'apoplexie au centre et de la paralysie aux extrémités », et le mot a si bien fait fortune, qu'on le répète toujours quoique les réprésentants légitimes du pays, sous trois régimes politiques différents, aient organisé et développé la vie propre des administrations locales(2).

Le débat est toujours ouvert pour M. Taine (3). Il ne conteste pas que « dans la machine de l'an VIII le législateur a introduit un ressort nouveau...... un moteur surajouté, interne et qui opère d'en-bas, tandis que le premier est externe et opère d'en-haut ». Mais « le second est subordonné; il ne convient pas à la machine et la machine ne lui convient pas..... C'est toujours l'État central qui gouverne la société locale ; parmi des tiraillements et des frottements, à travers des conflits passagers, il y est et y demeure l'initiateur, le préparateur,

1) Projet de loi présenté par le Ministre de l'Intérieur M. Goblet le 20 mai 1882. Proposition de loi déposée par M. Colfavru le 28 janvier 1887. Proposition déposée par M. Maurice Faure le 1 mars 1895.

2) La plupart des ouvrages appartenant à cette nouvelle période des polémiques ont pour base de leurs projets de réforme l'étude développée des législations étrangères; nous les indiquerons tout à l'heure. Signalons ici de Ferron. *D'où vient le mal? Quel est le remède? Étude politique* 1890. — Vicomte d'Avenel, *La réforme administrative* (1891), chap. I et IV. L'auteur y reprend rapidement, en les appliquant à l'organisation administrative moderne, les idées qu'il a développées dans son livre sur *Richelieu et la monarchie absolue* (t. IV, 1889) au sujet de la réforme des institutions administratives accomplie au XVIIe siècle. — Paul Deschanel, *La décentralisation* 1895.

3) *Le régime moderne* 1891, t. Ier, p. 380.

le conducteur, le contrôleur, le comptable et l'exécuteur de toute entreprise, le pouvoir prépondérant au département comme à la commune, et avec les conséquences déplorables que l'on sait ». Toutefois, M. Taine ajoute que, « à tout le moins, la centralisation autoritaire a cela de bon qu'elle nous préserve encore de l'autonomie démocratique. Dans l'état présent des institutions et des esprits, le premier régime, si mauvais qu'il soit, est notre dernier abri contre la malfaisance pire du second ».

Nous avons reproduit cette page tout entière. Ce que la pensée de M. Taine a de puissant, mais d'excessif, s'évanouirait dans une analyse. On voit que pour lui donner satisfaction, la société politique tout entière serait à refondre.

Si l'on veut aborder une tâche moins lourde, les éléments ne manquent pas. Les différences qui existent entre notre législation et celle des pays étrangers les fournissent dans une large mesure.

X

A toutes les périodes de ces polémiques, depuis 1830, la législation comparée a joué un rôle. Antérieurement, c'était de l'ancienne France, plus ou moins exactement décrite, que l'on rapprochait les institutions nouvelles. Mais, à partir de 1834, la décentralisation administrative, aux Etats-Unis d'Amérique, nous était présentée en exemple ; la législation de l'Angleterre et de la Belgique ont été ensuite invoquées. Toutefois, ce genre d'études est resté assez longtemps le privilège d'un petit nombre d'hommes à qui leurs relations à l'étranger permettaient de se renseigner exactement.

Dans les rapports qui sont le commentaire des projets de loi préparés par le Conseil d'Etat en 1850 et 1851, on écartait formellement la pensée d'entreprendre l'examen approfondi des législations étrangères.

M. Vivien disait, dans le rapport général : « L'autorité des exemples empruntés à l'étranger est fort contestable et ces rapprochements sont souvent trompeurs. Si l'étude de la législation comparée fournit des renseignements utiles, elle a besoin d'être éclairée par celle des mœurs, des traditions historiques, de la condition politique, de la situation territoriale des diverses nations ».

M. Vuitry ajoutait, dans le rapport sur le projet de loi relatif aux communes : « Mais, en fait d'organisation administrative, il ne suffit pas de consulter le texte de la loi, il faut surtout connaître l'exécution qu'elle reçoit et les effets qu'elle produit».

La Commission de l'Assemblée nationale, qui a remanié les projets du Conseil d'Etat en 1851, ne se référait pas aux législations des pays étrangers, bien que M. Béchard les eut signalées dans son livre sur l'*Administration intérieure de la France* (1).

Mais le goût de ces études s'est développé bientôt. Nous avons exposé ailleurs l'ensemble de ce mouvement. Les questions d'administration départementale et communale sont de celles où la nouvelle tendance s'est le plus accentuée dès le début.

Quand M. Dupont-White, dans ses livres sur l'*Individu et l'État* et sur la *Centralisation*, a signalé, avec une grande précision, le mouvement qui se produisait en Angleterre et qui amenait l'intervention de plus en plus fréquente de l'Etat dans les affaires des individus et dans les affaires des localités, il a causé une grande surprise à ceux pour qui l'Angleterre était la terre privilégiée de l'individualisme.

M. Batbie, dans son enseignement et dans ses livres, a donné, dès 1862, une place étendue à la législation étrangère (2).

Les concours ouverts par l'Académie des sciences morales et politiques ont poussé les écrivains et le public dans la même voie. Nous pouvons rappeler le concours ouvert en 1868 sur l'administration locale en Angleterre, où le travail de M. Paul Leroy-Beaulieu a été couronné ; le concours de 1871 sur l'administration locale de la Belgique, où M. Flourens a obtenu le prix, enfin le concours de 1882 ouvert conformément aux intentions de M. Odilon Barrot, qui a donné lieu aux ouvrages de

(1) Voir aussi Béchard, *Lois municipales des républiques de la Suisse et des États-Unis* (1852).

(2) Le dernier état de ses travaux se trouve dans l'ouvrage suivant: *Traité théorique et pratique de droit public et administratif*, 2e édition, t. IV (1885). Indépendamment de l'analyse des législations étrangères, l'auteur y présente, ch. XXXII, p. 115, ses conclusions sur la centralisation et la décentralisation. Voir aussi le t. Ier du même ouvrage, p. 200.

M. Joseph Ferrand et de M. de Ferron, le premier jugé digne du prix, le second mentionné honorablement (1).

Les travaux de la Société de législation comparée qui, depuis 1871, publie chaque année un volumineux *Annuaire*, comprenant les lois votées l'année précédente dans tous les Etats de l'Europe et dans les principaux pays de l'Amérique, avec un *Bulletin* où se rencontrent les études les plus variées sur les questions nouvellement soulevées, la fondation en 1876, par M. Dufaure, de la bibliothèque du Comité de législation étrangère institué au ministère de la Justice et qui renferme aujourd'hui plus de 30.000 volumes, textes et commentaires de la législation du monde civilisé tout entier, ont donné un nouvel essor et fourni des bases solides à ces recherches entrées désormais d'une manière permanente dans les études juridiques et législatives.

Aussi de nombreux ouvrages peuvent aujourd'hui, avec ceux que nous avons déjà cités, fournir les matériaux d'une comparaison instructive (2). Nous ne nous sommes pas assigné la tâche

(1) Paul Leroy-Beaulieu, *L'administration locale en France et en Angleterre* (1872). — Flourens, *Organisation judiciaire et administrative de la France et de la Belgique* (1875). — Joseph Ferrand, *Les pays libres, leur organisation et leur éducation, d'après la législation comparée* (1885). (M. Ferrand avait publié en 1879 un livre sur les *institutions administratives en France et à l'étranger*.) — De Ferron, *Institutions municipales et provinciales comparées* (1881).

Dans le rapport présenté au nom de la section de législation sur le concours Odilon Barrot (compte rendu des travaux de l'Académie des sciences morales et politiques 1883, t. II, p. 289), nous avions, tout en signalant le mérite du travail de M. de Ferron, fait des réserves sur certains points d'histoire et de législation étrangère. Nous sommes obligé de les rappeler ici parce que l'auteur, ayant fait imprimer son mémoire avant de les connaître, n'a pu en tenir compte.

(2) Signalons d'abord trois ouvrages qui embrassent l'ensemble ou une partie notable de l'ensemble du sujet :

Maurice Block, *Les communes et la liberté, étude d'administration comparée* (1876). — Pyfferoen, *Les réformes communales* (Bruxelles 1895). — Demombynes, *Les constitutions européennes. Parlements, conseils provinciaux et communaux et organisation judiciaire dans les divers Etats de l'Europe* (2e édition 1883).

Parmi les ouvrages qui s'attachent à un point spécial, nous citerons pour l'Angleterre, duc d'Ayen, *De la Décentralisation en Angleterre* (1861). — Boutmy, *Le Gouvernement local et la tutelle de l'Etat en Angleterre* (1886). — Alexandre Debaye, *Les municipalités anglaises* (1883). Id. *Notice sur la loi du 13 août 1888, relative à la réforme de l'administration des comtés* (*Annuaire de la Société de législation comparée*. 1889. *La réforme de l'administration locale en Angleterre. Loi du 5 mars 1894 sur les Conseils de paroisse*, 1895). — Vauthier, *L'administration locale en Angleterre* (Bruxelles 1895). — Pour la Belgique, Deloynes, *La loi départementale française du 10 août 1871 et la loi provinciale belge du 30 avril 1836* (1873). — Giron, *Le droit administratif de la Belgique* (1881). — Pour l'Allemagne, Pyfferoen, *Berlin et ses institutions administratives* (1891). — Pour l'Italie, Emile Martin, *Le régime municipal en France et en Italie* (1881). — Pour

de les analyser. Indiquer les sources à ceux qui voudraient y puiser, c'est déjà faire une œuvre utile.

Seulement nous ne saurions trop insister sur la prudence avec laquelle il faut s'engager dans cette voie, sur les précautions qu'il faut prendre pour éviter les appréciations inexactes. Nous l'avons déjà signalé d'une manière générale dans nos travaux sur les études de législation comparée (1).

S'assurer que le texte est bien traduit quand on le lit dans une traduction, s'assurer qu'il est encore en vigueur, s'assurer des raisons plus ou moins spéciales au pays qui ont pu l'inspirer, s'assurer de la manière dont il est appliqué, s'assurer enfin des résultats qu'a produits son application, c'est la méthode indispensable à suivre ; c'est à ces conditions seulement qu'on ne risque pas de s'égarer et qu'on peut tirer un parti utile de ces études.

Les erreurs matérielles ne sont pas rares. M. Boutmy et M. le duc de Noailles en ont relevé plusieurs et de très importantes qui s'étaient maintenues pendant longtemps dans la traduction de la constitution fédérale des Etat-Unis d'Amérique.

Ils ont montré aussi combien, dans la pratique, les dispositions de cette constitution sur les pouvoirs du président de la République, du Sénat et de la Chambre des réprésentants étaient devenus peu à peu différents de ceux qu'indiquent les textes (2).

Pour rester sur le terrain de l'administration locale, M. Claudio Jannet, dans son livre sur les *Etats-Unis contemporains*, a signalé que « le mouvement qui tend à dépouiller les Etats d'une partie de leurs attributions au profit de l'*union*, de la nation,

la Russie, Anatole Leroy-Beaulieu, *l'Empire des Tsars et les Russes*, 2e édition, 1886, t. II.

On trouvera dans le catalogue de la Bibliothèque du Comité de législation étrangère publié en 1889, l'indication pour chaque pays, de nombreux ouvrages écrits en langue française ou en langue étrangère.

La société de législation comparée a fait imprimer dans son *Bulletin*, depuis 1869, un grand nombre d'études sur les législations étrangères relatives à l'administration communale et provinciale. On consultera avec profit la table générale du Bulletin de 1869 à 1880 et les tables annuelles postérieures à 1880.

(1) *Les études de législation comparée en France* (1889). — *De l'usage et de l'abus en matière de législation comparée* (1892).

(2) Boutmy, *Etudes de droit constitutionnel, France, Angleterre, Etats-Unis*, 1885. — Duc de Noailles, *Cent ans de République aux Etats-Unis* (1885-1889). — Voir aussi de Franqueville, *Les Etats-Unis du centenaire*, étude sur le livre de Ch. Bryce : *The american commonwealth* 1889.

comme on dit aujourd'hui, s'est produit dans l'intérieur des États et peu à peu établit la suprématie ou tout au moins l'immixtion du gouvernement de l'État dans une foule de matières abandonnées jusqu'ici complètement au *self-goverment* des localités... On commence par instituer près du gouvernement et de la législature un bureau de statistique, une commission consultative ; mais peu à peu ces bureaux étendent leurs attributions au détriment des autorités locales pour des raisons d'uniformité, d'économie, de meilleure administration, etc. Cette tendance se produit surtout dans le Massachusetts et dans les grands États de l'Ouest, l'Illinois, le Michigan, le Minnesota, le Wisconsin, la Californie (1).

M. Claudio Jannet signale aussi la corruption profonde qui s'est introduite dans l'administration d'un grand nombre de villes. Tout le monde connait les scandales qui se sont prolongés si longtemps à New-York. Ils ne sont pas une exception. « Ce qui montre, dit M. Claudio Jannet, après avoir exposé ces scandales, qu'il faut accuser la profonde démoralisation publique et privée qui a débordé depuis 1860, c'est que la même augmentation de taxes et de dettes avec la même folie de travaux ruineux se produit aussi dans les villes de second ordre et jusque dans les simples villages, partout où le détestable système représentatif qu'on appelle *corporate municipal goverment*, a pris la place du vieux système américain de l'administration directe par les propriétaires réunis en *annual meeting* (2). »

Il ne faut donc plus juger de l'administration locale aux États-Unis d'Amérique par la description qu'en donnait M. de Tocqueville en 1834.

Il en est de même pour la législation anglaise. Comment pourrait-on l'étudier avec profit dans les livres antérieurs aux lois qui ont accru le droit d'intervention et de contrôle de l'État dans les affaires locales et surtout aux lois toutes récentes de 1888 et de 1894 qui ont modifié si gravement l'administration

(1) M. Claudio Jannet, *Les États-Unis contemporains*, 4e édition 1889, t. I, p. 323.

(2) Même ouvrage, t. Ier, p. 311. — M. de Varigny a mis en lumière les moyens d'action des politiciens qui ont dominé l'administration municipale de New-York dans un article de la *Revue des Deux-Mondes*, du 15 août 1894, intitulé : *Tammany-Hall*.

des comtés, des bourgs et des paroisses? Quand M. Le Play a publié en 1875 son ouvrage sur la *Constitution de l'Angleterre*, où il développait une étude déjà considérable, insérée dans la *Réforme sociale*, son zélé collaborateur, M. Alexis Delaire, avait été obligé d'introduire dans de nombreuses notes l'indication des modifications qui s'étaient déjà produites depuis la première rédaction de ce travail. Le texte de l'étude sur le gouvernement local pourrait-il subsister aujourd'hui, sinon comme le souvenir d'un idéal que l'Angleterre elle-même, présentée par M. Le Play comme un modèle, a abandonné sur beaucoup de points?

Sans doute, cette législation diffère encore de la nôtre sur des points importants. Mais on admirait autrefois l'indépendance des autorités locales à l'égard du pouvoir central et le *local government board* a aujourd'hui des droits de contrôle et même d'impulsion de plus en plus étendus. L'administration des comtés par les *magistrates* ou juges de paix que le Gouvernement de la Reine choisit parmi l'élite des propriétaires fonciers du pays était, aux yeux de M. Le Play, un des traits les plus caractéristiques et les plus salutaires de la législation anglaise. Les juges de paix n'ont plus que des pouvoirs judiciaires, et l'administration des comtés est attribuée à des corps électifs. L'éparpillement des pouvoirs municipaux entre un très grand nombre de commissions diverses dont chacun avait sa spécialité, paraissait aussi une des mesures les plus utiles à imiter, d'après des ouvrages qui datent de vingt ans. Mais ceux qui la pratiquaient en sentaient les graves inconvénients. Dans son livre si original sur *le Gouvernement représentatif*, Stuart Mill la critiquait vivement. Il soutenait que, dans chaque localité, il ne doit y avoir qu'un corps électif pour toute la besogne locale et non différents corps pour les différentes parties de cette besogne, et il considérait que c'était le seul moyen de faire des conseils municipaux, une école d'aptitude politique et d'intelligence générale (1). Ces idées ont prévalu; la nouvelle législation sur les bourgs et les paroisses, a supprimé beaucoup de commissions locales et concentré leurs pouvoirs entre les mains des conseils qu'elle a créés.

Stuart Mill n'est pas plus favorable au système des administrations collectives qu'il a vues de près: « Nulle collection

(1) *Le Gouvernement représentatif*, traduction de M. Dupont-White (1862), p. 331.

d'hommes, dit-il, à moins qu'elle n'ait une organisation et une hiérarchie, n'est propre à l'action dans le sens vrai du mot. Même un conseil d'élite, composé d'un petit nombre de membres familiers avec la besogne qu'ils ont à traiter, est toujours un instrument inférieur à quelque individu qui pourrait être trouvé parmi ses membres, et le Conseil gagnerait énormément à ce que cet individu devînt le chef, et à ce que les autres lui fussent subordonnés » (1). Il faudrait vérifier si l'autorité qu'on retire au chef élu de l'administration locale ne tombe pas, par suite de la division de la responsabilité, entre les mains du chef du secrétariat.

C'est encore Stuart Mill qui a fait cette observation judicieuse à laquelle il est utile de faire ici sa place : « L'éducation des citoyens n'est pas la seule chose à considérer, si importante qu'elle soit : le gouvernement et l'administration n'existent pas uniquement à cette fin » (2). Cela veut dire qu'il faut prendre des précautions pour que l'éducation des citoyens ne se fasse pas trop aux dépens du public et pour que le renouvellement incessant des corps locaux ne fasse pas perdre le bénéfice de l'expérience acquise.

On ne doit pas non plus se hâter de prononcer un jugement sur les bons effets d'une institution étrangère. L'expérience donne souvent de cruels démentis. En 1861, M. Odilon Barrot célébrait les institutions locales libres de l'Amérique du Nord, de l'Angleterre, de la Belgique comme un préservatif contre l'invasion du socialisme dont la France souffrait déjà (3). Est-ce que, malgré leurs institutions communales et provinciales, l'Amérique du nord, l'Angleterre et la Belgique ne souffrent pas à leur tour du socialisme?

Ce n'est pas assurément une raison pour ne rien changer à notre législation. Mais on ne doit pas non plus espérer que l'on trouvera dans ces changements une panacée pour guérir tous nos maux.

Le Gouvernement et la Chambre des députés ont jugé à pro-

1 *Op. cit.*, p. 107.
2 *Op. cit.*, p. 345.
3) *De la centralisation et de ses effets.* Chap. IV. De l'influence de la centralisation sur les rapports des classes de la Société entre elles, p. 61 à 71.

pos de reprendre l'étude des réformes (1). Dans les idées qui ont été examinées déjà bien des fois, sous des régimes différents, par des assemblées législatives composées d'éléments sans cesse renouvelés, y a-t-il encore quelque chose d'utile à mettre en pratique? Nous ne voulons pas entrer dans ce débat. Une discussion de détail ne serait pas à sa place dans la conclusion de l'étude historique où nous nous sommes appliqué à mettre en lumière les principes. On peut changer des formalités, des habitudes et créer des circonscriptions, des cantons ou des régions, même en constituant des budgets pour ces circonscriptions, sans porter atteinte aux principes. Nous demandons seulement qu'on n'oublie pas que la question est complexe, qu'il ne faut pas, pour la juger, se placer uniquement au point de vue de la liberté, que d'ailleurs la liberté des administrateurs locaux n'assure pas toujours la liberté et la sécurité des citoyens; qu'il faut veiller à l'unité d'application de la loi; que les finances locales sont une partie des finances du pays; que, s'il est nécessaire de limiter l'autorité du Gouvernement, on doit lui laisser tous les moyens d'action dont il a besoin pour donner satisfaction aux intérêts généraux du pays et que s'il est juste et utile que les pouvoirs locaux aient une certaine indépendance, il est nécessaire de prendre des précautions contre leurs entraînements et leurs écarts. C'est la leçon de l'histoire.

1. Décret du 16 février 1895, précédé d'un rapport du Président du Conseil, ministre des finances, M. Ribot. Ce rapport rappelle une discussion qui a eu lieu à la Chambre des députés, le 8 décembre 1891.

Il faut signaler encore l'avant-projet de décentralisation administrative, préparé par M. de Croissy, inséré dans l'*Écho du Parlement*, organe du Comité d'études parlementaires (n° du 11 février 1895) et le manifeste de la *ligue nationale républicaine de décentralisation*.

Paris. — Typ. A. DAVY, 52, rue Madame. — *Téléphone.*

Paris, le   189 .

L'Administrateur général.

Note additionnelle à joindre à une brochure de M. Léon Aucoc : Les Controverses sur la décentralisation administrative. Étude historique.

Paris, bureaux de la Revue politique et parlementaire (avril et mai 1895) In 8°. de 58 p.

Impr. de A. Davy. 52, rue Madame.

If 96

187

In order to avoid any further copying of erroneous dates
and facts concerning MISS JANOTHA, attention is called to
mistakes contained in the following works :

1. Sir George Grove's **Dictionary of Music**.
2. Pauer's **Birthday Book**.
3. Cumming's **Music Primer** (Biographical pages).
4. Baptie's **Musical Dictionary**.
5. Brown's **Musical Dictionary**.
6. Shedlock's **Dictionary of Musicians**.
7. Macfarren's **History of Music**.

The Editors of the above works having become convinced
of the inaccuracy of some of the statements put forth, have
corrected these statements in the plates, for future editions.

The following letters refer to the works in question.

SIR GEORGE GROVE *to the Editor of the* Queen.

"SIR GEORGE GROVE asks me to write to you to say that the
dates in the article on Miss Janotha are imperfect. They are
being corrected for a future edition." C. AVELING.
Royal College of Music. *Nov. 5th*, 1894

From MR. BAPTIE, Glasgow, *Nov. 13th*, 1894.
" DEAR SIR,

I cannot recollect where I obtained the information. probably
from some musical newspaper."

From MR. BROWN. London, *Nov. 20th*, 1893.

" I am very sorry that any wrong dates and facts should have
been inserted, but at the time of compilation I was not in a position
to get direct information."

From MR. SHEDLOCK (Dictionary of Music, published by
Augener & Co.)

" ERRATUM.—Miss Janotha informs us that the dates given
in her biographical notice contained in Part VI of the Dictionary
are incorrect, and that she never studied in Warsaw."

Of MR. CUMMING'S work 750 copies were corrected.

Of MR. PAUER'S work the plates were withdrawn for the
second edition.

SIR GEORGE MACFARREN had copied incorrectly from
SIR GEORGE GROVE.

The possessors of any of the above works are courteously
requested to efface the notices of MISS JANOTHA so as to
prevent any further copying of these entirely inaccurate
statements.

In order to avoid any further copying of erroneous dates and facts concerning MISS JANOTHA, attention is called to mistakes contained in the following works :

1. Sir George Grove's **Dictionary of Music.**
2. Pauer's **Birthday Book.**
3. Cumming's **Music Primer** (Biographical pages).
4. Baptie's **Musical Dictionary.**
5. Brown's **Musical Dictionary.**
6. Shedlock's **Dictionary of Musicians.**
7. Macfarren's **History of Music.**

The Editors of the above works having become convinced of the inaccuracy of some of the statements put forth, have corrected these statements in the plates, for future editions.

The following letters refer to the works in question.

SIR GEORGE GROVE *to the Editor of the* Queen.

"SIR GEORGE GROVE asks me to write to you to say that the dates in the article on Miss Janotha are imperfect. They are being corrected for a future edition." C. AVELING.
Royal College of Music, *Nov. 5th,* 1894.

From MR. BAPTIE, Glasgow, *Nov. 13th,* 1894.
"DEAR SIR,

I cannot recollect where I obtained the information, probably from some musical newspaper."

From MR. BROWN, London, *Nov. 20th,* 1893.

"I am very sorry that any wrong dates and facts should have been inserted, but at the time of compilation I was not in a position to get direct information."

From MR. SHEDLOCK (Dictionary of Music, published by Augener & Co.)

"ERRATUM.—Miss Janotha informs us that the dates given in her biographical notice contained in Part VI of the Dictionary are incorrect, and that she never studied in Warsaw."

Of MR. CUMMING'S work 750 copies were corrected.

Of MR. PAUER'S work the plates were withdrawn for the second edition.

SIR GEORGE MACFARREN had copied incorrectly from SIR GEORGE GROVE.

The possessors of any of the above works are courteously requested to efface the notices of MISS JANOTHA so as to prevent any further copying of these entirely inaccurate statements.

In order to avoid any further copying of erroneous dates and facts concerning Miss Janotha, attention is called to mistakes contained in the following works :

1. Sir George Grove's **Dictionary of Music.**
2. Pauer's **Birthday Book.**
3. Cumming's **Music Primer** (Biographical pages).
4. Baptie's **Musical Dictionary.**
5. Brown's **Musical Dictionary.**
6. Shedlock's **Dictionary of Musicians.**
7. Macfarren's **History of Music.**

The Editors of the above works having become convinced of the inaccuracy of some of the statements put forth, have corrected these statements in the plates, for future editions.

The following letters refer to the works in question.

Sir George Grove *to the Editor of the* Queen.

"Sir George Grove asks me to write to you to say that the dates in the article on Miss Janotha are imperfect. They are being corrected for a future edition."   C. AVELING.
Royal College of Music, *Nov. 5th,* 1894.

From Mr. Baptie, Glasgow, *Nov. 13th,* 1894.
"Dear Sir,

I cannot recollect where I obtained the information, probably from some musical newspaper."

From Mr. Brown, London, *Nov. 20th,* 1893.

"I am very sorry that any wrong dates and facts should have been inserted, but at the time of compilation I was not in a position to get direct information."

From Mr. Shedlock (Dictionary of Music, published by Augener & Co.)

"Erratum.—Miss Janotha informs us that the dates given in her biographical notice contained in Part VI. of the Dictionary are incorrect, and that she never studied in Warsaw."

Of Mr. Cumming's work 750 copies were corrected.

Of Mr. Pauer's work the plates were withdrawn for the second edition.

Sir George Macfarren had copied incorrectly from Sir George Grove.

The possessors of any of the above works are courteously requested to efface the notices of Miss Janotha so as to prevent any further copying of these entirely inaccurate statements.

In order to avoid any further copying of erroneous dates and facts concerning MISS JANOTHA, attention is called to mistakes contained in the following works :

1. Sir George Grove's **Dictionary of Music.**
2. Pauer's **Birthday Book.**
3. Cumming's **Music Primer** (Biographical pages).
4. Baptie's **Musical Dictionary.**
5. Brown's **Musical Dictionary.**
6. Shedlock's **Dictionary of Musicians.**
7. Macfarren's **History of Music.**

The Editors of the above works having become convinced of the inaccuracy of some of the statements put forth, have corrected these statements in the plates, for future editions.

The following letters refer to the works in question.

SIR GEORGE GROVE *to the Editor of the* Queen.

"SIR GEORGE GROVE asks me to write to you to say that the dates in the article on Miss Janotha are imperfect. They are being corrected for a future edition."   C. AVELING.

Royal College of Music. *Nov. 5th,* 1894

From MR. BAPTIE, Glasgow, *Nov. 13th,* 1894.

"DEAR SIR,

I cannot recollect where I obtained the information, probably from some musical newspaper."

From MR. BROWN, London, *Nov. 20th,* 1893.

"I am very sorry that any wrong dates and facts should have been inserted, but at the time of compilation I was not in a position to get direct information."

From MR. SHEDLOCK (Dictionary of Music, published by Augener & Co.)

"ERRATUM.—Miss Janotha informs us that the dates given in her biographical notice contained in Part VI of the Dictionary are incorrect, and that she never studied in Warsaw."

Of MR. CUMMING'S work 750 copies were corrected.

Of MR. PAUER'S work the plates were withdrawn for the second edition.

SIR GEORGE MACFARREN had copied incorrectly from SIR GEORGE GROVE.

The possessors of any of the above works are courteously requested to efface the notices of MISS JANOTHA so as to prevent any further copying of these entirely inaccurate statements.

In order to avoid any further copying of erroneous dates and facts concerning Miss JANOTHA, attention is called to mistakes contained in the following works :

1 Sir George Grove's **Dictionary of Music.**

2 Pauer's **Birthday Book.**

3 Cumming's **Music Primer** (Biographical pages).

4 Baptie's **Musical Dictionary.**

5 Brown's **Musical Dictionary.**

6 Shedlock's **Dictionary of Musicians.**

7 Macfarren's **History of Music.**

The Editors of the above works having become convinced of the inaccuracy of some of the statements put forth, have corrected these statements in the plates, for future editions.

The following letters refer to the works in question.

SIR GEORGE GROVE *to the Editor of the Queen.*

"SIR GEORGE GROVE asks me to write to you to say that the dates in the article on Miss Janotha are imperfect. They are being corrected for a future edition."   C. AVELING.

Royal College of Music, Nov. 5th, 1894

From MR. BAPTIE, Glasgow, Nov. 13th, 1894.

"DEAR SIR,

I cannot recollect where I obtained the information, probably from some musical newspaper."

From MR. BROWN, London, Nov. 20th, 1894.

"I am very sorry that any wrong dates and facts should have been inserted, but at the time of compilation I was not in a position to get direct information."

From MR. SHEDLOCK (Dictionary of Music, published by Augener & Co.)

"ERRATUM.—Miss Janotha informs us that the dates given in her biographical notice contained in Part VI of the Dictionary are incorrect, and that she never studied in Warsaw."

Of MR. CUMMING'S work 750 copies were corrected.

Of MR. PAUER'S work the plates were withdrawn for the second edition.

SIR GEORGE MACFARREN had copied incorrectly from SIR GEORGE GROVE.

The possessors of any of the above works are courteously requested to efface the notices of MISS JANOTHA so as to prevent any further copying of these entirely inaccurate statements.

229

ARMAND COLIN & C⁰, éditeurs.
5, rue de Mézières, 5

Revue
Politique et Parlementaire

Questions Politiques, Sociales et Législatives

Directeur : **Marcel FOURNIER**
AGRÉGÉ DES FACULTÉS DE DROIT, LAURÉAT DE L'INSTITUT

Secrétaires de la Rédaction :

M. FÉLIX ROUSSEL
Docteur en droit,
Avocat à la Cour de Paris.

M. DU VIVIER DE STREEL
Avocat, ancien élève
de l'École des Sciences politiques.

Abonnement : Un an, **20 fr.** — Étranger et colonies, **25 fr.**
La **Revue Politique et Parlementaire** *paraît le 5 de chaque mois,
par fascicules de 160 à 200 pages in-8°.*

Sommaire du n° 10

Paris—Typ. A. DAVY, 52, rue Madame. — Téléphone.